24
Zauberhafte Märchen

★ ★ ★ ★ ★ ★ ★ ★ ★ ★ ★ ★ ★ ★ ★ ★ ★

zur Weihnachtszeit

EIN ADVENTSBUCH ZUM
AUFSCHNEIDEN

arsEdition

Ich schaute um mich her
und schaute wieder, aber es war kein Traum.
Schien es doch, als ob die Welt der Märchen
wiedergekehrt wäre und irgendein wohltätiger
Zauberer uns in der Nacht in einen andern
Weltteil geführt hätte.

FRANZ GRILLPARZER

Adventszeit ist Märchenzeit

Weißt du noch, wie gern du als Kind gebannt den Märchen und Geschichten gelauscht hast, die dir erzählt oder vorgelesen wurden? Dieser besondere Adventskalender erinnert uns daran, welch wundersame Magie Märchen und Geschichten, Fabeln und Gedichte verbreiten können – vor allem zur Weihnachtszeit. Entfliehe der vorweihnachtlichen Hektik, gönne dir eine Lesepause und lass dich Tag für Tag von winterlichen Texten und nostalgischen Illustrationen verzaubern …

1

Tiefere Bedeutung liegt in den Märchen
meiner Kinderjahre als in der
Wahrheit, die das Leben lehrt.

FRIEDRICH SCHILLER

Die Wichtelmänner

JACOB UND WILHELM GRIMM

"Es war ein Schuster ohne seine Schuld so arm geworden, dass ihm endlich nichts mehr übrig blieb als Leder zu einem einzigen Paar Schuhe. Nun schnitt er am Abend die Schuhe zu, die wollte er den nächsten Morgen in Arbeit nehmen; und weil er ein gutes Gewissen hatte, so legte er sich ruhig zu Bett, befahl sich dem lieben Gott und schlief ein.

Morgens, nachdem er sein Gebet verrichtet hatte und sich zur Arbeit niedersetzen wollte, so standen die beiden Schuhe ganz fertig auf seinem Tisch. Er verwunderte sich und wusste nicht, was er dazu sagen sollte. Er nahm die Schuhe in die Hand, um sie näher zu betrachten: Sie waren so sauber gearbeitet, dass kein Stich daran falsch war, gerade als wenn es ein Meisterstück sein sollte. Bald darauf trat auch schon ein Käufer ein, und weil ihm die Schuhe so gut gefielen, so bezahlte er mehr als gewöhnlich dafür, und der Schuster konnte von dem Geld Leder zu zwei Paar Schuhen erhandeln. Er schnitt sie abends zu und wollte den nächsten Morgen mit frischem Mut an die Arbeit gehen, aber er brauchte es nicht, denn als er aufstand, waren sie schon fertig, und es blieben auch nicht die Käufer aus, die ihm so viel Geld gaben, dass er Leder zu vier Paar Schuhen einkaufen

konnte. Er fand frühmorgens auch die vier Paar fertig; und so ging's immer fort, was er abends zuschnitt, das war am Morgen verarbeitet, also dass er bald wieder sein ehrliches Auskommen hatte und endlich ein wohlhabender Mann ward.

Nun geschah es eines Abends nicht lange vor Weihnachten, als der Mann wieder zugeschnitten hatte, dass er vor dem Schlafengehen zu seiner Frau sprach: »Wie wärs, wenn wir diese Nacht aufblieben, um zu sehen, wer uns solche hilfreiche Hand leistet?«

Die Frau war's zufrieden und steckte ein Licht an; darauf verbargen sie sich in den Stubenecken, hinter den Kleidern, die da aufgehängt waren, und gaben acht. Als es Mitternacht war, da kamen zwei kleine niedliche, nackte Männlein, setzten sich vor des Schusters Tisch, nahmen alle zugeschnittene Arbeit zu sich und fingen an, mit ihren Fingerlein so behänd und schnell zu stechen, zu nähen, zu klopfen, dass der Schuster vor Verwunderung die Augen nicht abwenden konnte. Sie ließen nicht nach, bis alles zu Ende gebracht war und fertig auf dem Tische stand, dann sprangen sie schnell fort.

Am andern Morgen sprach die Frau: »Die kleinen Männer haben uns reich gemacht, wir müssten uns doch dankbar dafür bezeigen. Sie laufen so herum, haben nichts am Leib und müssen frieren. Weißt du was? Ich will Hemdlein, Rock, Wams und Höslein für sie nähen, auch jedem ein Paar Strümpfe stricken; mach du jedem ein Paar Schühlein dazu.«

Der Mann sprach: »Das bin ich wohl zufrieden«, und abends, wie sie alles fertig hatten, legten sie die Geschenke statt der zugeschnittenen Arbeit zusammen auf den Tisch und versteckten sich dann, um mit anzusehen, wie sich die Männlein dazu anstellen würden.

Um Mitternacht kamen sie herangesprungen und wollten sich gleich an die Arbeit machen, als sie aber kein zugeschnittenes Leder, sondern die niedlichen Kleidungsstücke fanden, verwunderten sie sich erst, dann aber bezeigten sie eine gewaltige Freude. Mit der größten Geschwindigkeit zogen sie sich an, strichen die schönen Kleider am Leib und sangen:

»Sind wir nicht Knaben glatt und fein?
Was sollen wir länger Schuster sein!«

Dann hüpften und tanzten sie, und sprangen über Stühle und Bänke. Endlich tanzten sie zur Tür hinaus. Von nun an kamen sie nicht wieder, dem Schuster aber ging es wohl, solang er lebte, und es glückte ihm alles, was er unternahm.

2

Stelle mir keine Fragen und ich
werde dir keine Lügen erzählen!

OLIVER GOLDSMITH

Stiefelchen

Es war einmal eine schöne Prinzessin. Sie war sogar wunderschön, aber sie hatte einen Fehler. Sie log immerzu. Ihr Vater, der König, war sehr verzweifelt darüber. Er beriet sich mit der Königin darüber. Und so kam ihnen die Idee, der Prinzessin auch Lügen aufzutischen:

»Sie wird uns nicht glauben, sich ärgern und rufen: Das ist nicht wahr. Und dann wird sie geheilt sein.«

Also erzählten die Königin und der König und alle Leute im Schloss die tollsten, wunderlichsten und kühnsten Lügengeschichten. Aber nie sagte die Prinzessin: »Das ist nicht wahr!«

Weil die Prinzessin weiterhin tagein, tagaus log, ließ der König im ganzen Land verkünden, dass die jungen Männer aufs Schloss kommen und Lügengeschichten erzählen sollten. Und wer seine Tochter dazu brächte, »Das ist nicht wahr« zu sagen, der sollte sie zur Frau haben.

Die jungen Männer kamen von überall her und gaben sich redlich Mühe, der Prinzessin die gewünschten Worte zu entlocken. Aber keiner schaffte es.

Irgendwo im Reich des Königs lebte auch ein hübscher Schusterssohn, den alle nur Stiefelchen nannten. Dieser hörte von der Lügenprinzessin und kam nun eines Tages zum Schloss, um die Aufgabe zu lösen, die Prinzessin auf den Weg der Wahrheit zurückzuführen. »Einen schönen Tag«, grüßte die Prinzessin, »obwohl ich nicht sagen kann, dass der Tag schön angefangen hat. Es waren schon drei Männer hier und alle haben mir langweilige Geschichten erzählt. Wenn das so weitergeht, mache ich Urlaub auf dem Mond. Mein Vater hat dort ein Haus gebaut, das ist so groß, dass ich eine Woche brauche, wenn ich durch alle Zimmer gehen will.«

»Das Haus, das mein Vater auf der Sonne gebaut hat, ist noch viel größer. Bis ich durch alle Zimmer gegangen bin, brauche ich ein ganzes Jahr«, entgegnete Stiefelchen.

»Schön und gut«, meinte die Prinzessin, »einen so riesigen Ochsen wie mein Vater hat deiner bestimmt nicht. Unser Ochse hat einen so großen Kopf, dass zwischen seinen Hörnern ein Heuwagen Platz hat.«

»Das ist noch gar nichts gegen den Ochsen meines Vaters. Zwischen seine Hörner kann man eine ganze Scheune stellen.«

»Ja, ja«, sagte die Prinzessin, »aber was sagst du zu dem Apfelbaum, den ich im Garten meines Vaters gepflanzt habe? Er trägt Äpfel, so groß wie Wagenräder.«

»Das ist noch gar nichts gegen den Apfelbaum, den ich gestern früh im Garten meines Vaters pflanzte. Am Abend war er schon so hoch wie der Kirchturm. Ich wollte die Äpfel pflücken und kletterte hinauf. Der Baum wuchs weiter und weiter, bis an die Wolken und noch viel höher. Da kam der Wind und trug mich fort, dreimal um die Erde. Dann ließ er mich fallen, ich fiel und fiel und landete in einem Fuchsloch. Und dort hast du, Prinzessin, gesessen und meine Stiefel geflickt!«

»Das ist nicht wahr!«, rief die Prinzessin empört aus.

Und so bekam Stiefelchen sie zur Braut und das halbe Königreich dazu. Zum Lügen hatte die Prinzessin jetzt nicht mehr so viel Zeit. Nur einmal in der Woche dachten sich Stiefelchen und seine Frau die allertollsten Lügengeschichten aus.

3

Ich schaute um mich her und
schaute wieder, aber es war
kein Traum.

FRANZ GRILLPARZER

Das Märchen von der schlanken Birke

AUS DER TÜRKEI

Es war einmal ein armer Mann und eine arme Frau, die hatten niemanden auf der Welt – aber den Wald nebenan. Als der Alte einmal in den Wald ging, um Holz für ein Feuer zu holen, erblickte er auf einer Lichtung eine Birke, weiß, schön und schlank wie ein Mädchen.

»Holla«, rief der Alte, »viel zu schade, einen so schönen Baum umzuhauen – aber was soll ich machen? Holz brauche ich nun mal.« Der Alte bekreuzigte sich, spuckte in seine schwieligen Hände und wollte gerade mit der Axt ausholen, als die Birke zu sprechen anfing:

»Hab Mitleid, Alterchen! Ich bin doch noch so jung!«

Der Alte bekam einen Schreck, ließ die Birke stehen und sammelte alte Zweige.

Zu Hause erzählte er seiner Frau von dem Erlebnis. Die aber ärgerte sich nur:

»Hättest dir von der Birke wenigstens ein paar Zweige für unsere Ziege geben lassen können!« Sie ließ nicht nach zu drängeln, bis der Alte schließlich wieder zu der Birke ging und sie um Zweige bat.

»Lass mir doch meine Schönheit, Alterchen!«, bat die Birke. »Zu Holz will ich dir schon verhelfen.«

Der Alte machte kehrt – und als er zu seiner schäbigen Kate kam, lag da ein so großer Stapel Holz, dass sie für den ganzen Winter genug hatten.

»He, Frau, jetzt haben wir Holz für den ganzen Winter!«, freute sich der Mann.

Die Frau aber murrte: »Was nützt uns das Holz, wenn wir nichts zu beißen und zu brechen haben! Zieh los und besorge Mehl!«

Dem Alten blieb nichts übrig, als wieder zur Birke zu gehen. Er streichelte ihre schöne Rinde und klagte ihr sein Leid.

»Sei nicht traurig«, tröstete die Birke den Mann. »Mit der Zeit kommst du schon zu deinem Mehl.«

»Hab Dank, du Schöne, ohne dich wäre ich verloren!«

Als der Alte nach Hause kam, war die Vorratskammer mit Mehl angefüllt. Der Mann war überglücklich.

Die Frau aber ließ ihm keine Ruhe: »Mehl ist ja ganz schön«, sagte sie, »aber Gold könnten wir besser gebrauchen. Schaff Gold herbei!«

Der Mann hielt seine Frau für völlig übergeschnappt. Die aber drohte ihm Prügel an. Was blieb ihm also übrig, als wieder der Birke sein Leid zu klagen? Als er zu der Lichtung kam, sah er zu seiner großen Verwunderung, dass die Birke über und über mit Gold bedeckt war.

»Was soll ich bloß tun?«, sprach der Alte zu seiner Birke. »Jetzt verlangt sie einen Sack voll Gold von mir!«

»Deiner Not ist abzuhelfen. Ich besorge dir den Sack Gold«, erwiderte die Birke.

Als er seine Kate betrat, fand der Alte seine Frau auf einem Sack Gold sitzend vor. Und die Alte sprach: »Diesen Sack müssen wir gut verstecken! Sicherlich will man uns bestehlen. Wir tun ihn hinter den Ofen! Aber am besten, du gehst zu deiner Birke und bittest sie, uns zu garstigen Ungeheuern zu machen. Dann wird es jeden grausen, unser Haus zu betreten.«

Der Alte ging in den Wald und erkannte seine Birke nicht wieder. Ihre goldenen Blätter waren abgefallen. Kahl und grau stand sie da. Der Alte verneigte sich und bat mit kläglicher Stimme: »Schlanke Birke, du, die Alte will den Menschen durch unser Aussehen Angst einjagen, damit sie uns das Gold nicht stehlen!«

Da bog sich die Birke im kalten Wind und ließ die Äste knarren, aber sagen konnte sie nichts. Der Alte ließ den Kopf hängen und ging niedergeschlagen heim. Da kam ihm die Alte als Bärin entgegen und verschwand im Wald. Nun konnte auch er nur noch knurren und als Bär hinter ihr her in den Wald trotten.

Als die Nachbarn das verwaiste Haus fanden, entdeckten sie hinter dem Ofen einen Sack goldener Weizenkörner. Der Wald aber wurde von nun an gemieden, weil dort neuerdings Bären hausten.

4

Wie Schnee, so schmilzt der Tag.

TITUS MACCIUS PLAUTUS

Der goldene Schlüssel

JACOB UND WILHELM GRIMM

Zur Winterszeit, als einmal ein tiefer Schnee lag, musste ein armer Junge hinausgehen und Holz auf einem Schlitten holen. Wie er es nun zusammengesucht und aufgeladen hatte, war ihm recht kalt geworden. Daher wollte er noch nicht gleich nach Haus gehen, sondern erst ein Feuer anmachen, um sich Leib und Seele ein bisschen daran zu wärmen. Da scharrte er den Schnee weg, und wie er so den Erdboden aufräumte, sah er etwas aufblitzen. Er bückte sich und hob es auf – es war ein kleiner Schlüssel, ganz aus Gold gemacht. Der Junge staunte, da er aber nicht nur flink mit den Händen, sondern auch in seinen Gedanken war, meinte er, wo der Schlüssel wäre, müsste auch das Schloss dazu sein, und grub weiter in der Erde, bis er ein eisernes Kästchen fand.

»Wenn der Schlüssel nur passt!«, dachte er. »Es sind gewiss kostbare Sachen in dem Kästchen.«

Er suchte, aber es war kein Schlüsselloch da, doch endlich entdeckte er eins, aber so klein, dass man es kaum sehen konnte. Er probierte, und der Schlüssel passte glücklich.

Da drehte er einmal herum, und nun müssen wir warten, bis er vollends aufgeschlossen und den Deckel aufgemacht hat, dann werden wir erfahren, was für wunderbare Sachen in dem Kästchen lagen.

Schneeblume

JACOB UND WILHELM GRIMM

Eine junge Königstochter hieß Schneeblume, weil sie weiß wie der Schnee war und im Winter geboren. Eines Tags war ihre Mutter krank geworden, und sie ging in den Wald und wollte heilsame Kräuter brechen; wie sie nun an einem großen Baum vorüberging, flog ein Schwarm Bienen heraus, und bedeckte ihren ganzen Leib von Kopf bis zu Füßen.

Aber sie stachen sie nicht und taten ihr nicht weh, sondern trugen Honig auf ihre Lippen, und ihr ganzer Leib strahlte ordentlich von Schönheit.

★ **4. DEZEMBER** ★

5

Wenn du Märchenaugen hast,
ist die Welt voller Wunder.

VIKTOR BLÜTHGEN

Der Nöck

EIN MÄRCHEN AUS DEN DUNKLEN WÄLDERN NORWEGENS

Kennst du den Nöck? Ganz anders als die riesigen Trolle der Berge, des Waldes oder jener aus dem Meer ist der Nöck. Er ist der Verwandlungskünstler unter ihnen. Deshalb ist er für die Menschen äußerst gefährlich. Um sie ins Verderben zu locken, wendet er die unglaublichsten und listigsten Künste an. Viele Menschen, ob groß oder klein, wurden vom Nöck hinters Licht geführt und wurden nie mehr gesehen. Er hält sich gerne im sumpfigen Gelände auf, bei Teichen, auf denen Seerosen blühen, weil er weiß, dass die Menschen sich gerne hier aufhalten, um auszuruhen und die angenehme Stille zu genießen.

Der junge Askelad war ein schöner Mann, der Tiere über alles liebte. Besonders aber hatten es ihm die Pferde angetan. Er hatte sechs davon in den Ställen stehen. Sie wurden von ihm liebevoll gepflegt und gehegt. Nie kam ein böses Wort über seine Lippen und eine Peitsche war in den Stallungen nicht zu finden. Auch sein Stallbursche Björn war gut zu den Tieren. Täglich ritten die beiden aus, während die zurückgebliebenen Tiere in der Koppel grasten.

Eines Tages nun geschah es, dass sie auf dem Heimweg von einem längeren Ausritt in der Dämmerung nahe dem Weiher, halb versteckt vom hohen Schilfgras, ein herrlich schneeweißes Pferd entdeckten. Doch beim Näherkommen entschwand das Tier in der Dunkelheit. Nun geschah es, dass Askelad das Ross immer öfter sah. Jedes Mal, wenn sie aufeinandertrafen, ließ es den jungen Reiter näherkommen. Nach zwei Wochen durfte er es sogar schon berühren, ohne dass es weglief. Wie schön müsste es sein, auf dem Schimmel zu reiten, dachte Askelad. Einige Tage später unternahm er den ersten Versuch. Nach anfänglichem Sträuben und kurzem Aufbäumen stand das Tier still und ließ den Reiter aufsteigen. Nun verging kaum ein Tag, ohne dass Askelad eine kurze Strecke auf dem weißen Pferd ritt.

Aber er durfte dieses Pferdes wegen seine anderen Tiere und sein Gehöft nicht vernachlässigen. Er ging sorgfältig seinen Pflichten nach, richtete die Umzäunung, denn da waren einige Schäden aufgetreten, striegelte das Fell seiner Pferde, dass es glänzte, und mit Björns Hilfe hatte er die Ziegel, die vom Dach des Stalles gefallen waren, wieder an ihrem Platz befestigt.

Aber die ganze Zeit ging ihm der Schimmel nicht aus dem Kopf. Wäre es nicht herrlich, dieses schöne Tier sein Eigen nennen zu können? Er wollte versuchen, es beim nächsten Mal, wenn er wieder auf ihm reiten durfte, hierher zu führen.

Es war ein stürmischer Abend. Die Blitze zuckten über den Himmel und jeder vernünftige Mensch wäre zu Hause in der warmen Stube geblieben. Nicht so Askelad. Mit einer unerklärlichen Gewalt zog es ihn hinaus zum Weiher. Das Pferd, mit dem er hinzureiten gedachte, weigerte sich, als er es satteln wollte. Auch die anderen im Stall waren unruhig. So machte er sich zu Fuß auf den Weg. Nach zwei Stunden hatte er die Stelle erreicht. Da stand tatsächlich der Schimmel. Ganz ruhig, als würde das Unwetter ihm nichts ausmachen. Askelad strich liebevoll über seine Nüstern, doch dann schwang er sich auf den Pferderücken. Langsam trabte das Tier dahin. Als aber Askelad ihn mit sanftem Schenkeldruck die Richtung angab, in die es laufen sollte, folgte es nicht, sondern begann, immer schneller und schneller zu rennen. Zu guter Letzt schoss es wie ein Pfeil dahin, sodass Askelad sich fest an der Mähne anhalten musste. Die Blitze zuckten nun fortwährend vom Himmel und der krachende Donner folgte ihnen auf dem Fuß. Dazu goss es in Strömen, sodass man kaum die Hand vor den Augen sah. Der prachtvolle Schimmel aber wurde zu einem schrecklichen Ungeheuer. Es war wieder einmal der Nöck, der als wunderschönes Pferd sich ins Herz eines Menschen geschlichen hatte, um ihn als sein Opfer ins Verderben zu führen. Bevor Askelad noch einen Gedanken fassen konnte, war der Nöck mit ihm in der Tiefe des Moores verschwunden. Im gleichen Augenblick schlug ein Blitz in Askelads Besitz ein und zurück blieb nur eine rauchende Ruine.

6

Die Geschichten, die man in der
Kindheit las, nehmen etwas vom Zauber
unserer eignen Kindheit an.

JEAN PAUL

Der Fuchs und die Katze

JACOB UND WILHELM GRIMM

Es trug sich zu, dass die Katze in einem Walde dem Herrn Fuchs begegnete, und weil sie dachte: »Er ist gescheit und wohl erfahren und gilt viel in der Welt«, so sprach sie ihm freundlich zu. »Guten Tag, lieber Herr Fuchs, wie geht's? Wie steht's? Wie schlagt Ihr Euch durch in dieser teuren Zeit?«

Der Fuchs, alles Hochmutes voll, betrachtete die Katze von Kopf bis zu Füßen und wusste lange nicht, ob er eine Antwort geben sollte. Endlich sprach er: »O du armseliger Bartputzer, du buntscheckiger Narr, du Hungerleider und Mäusejäger, was kommt dir in den Sinn? Du unterstehst dich zu fragen, wie es mir gehe? Was hast du gelernt? Wie viel Künste verstehst du?«

»Ich verstehe nur eine einzige«, antwortete bescheiden die Katze.

»So, und was ist das für eine Kunst?«, fragte der Fuchs.

»Wenn die Hunde hinter mir her sind, so kann ich auf einen Baum springen und mich retten.«

»Ist das alles?«, sagte der Fuchs. »Ich bin Herr über hundert Künste und habe überdies noch einen Sack voll Listen. Du jammerst mich, komm mit mir, ich will dich lehren, wie man den Hunden entgeht.«

Indem kam ein Jäger mit vier Hunden daher. Die Katze sprang behänd auf einen Baum und setzte sich in den Gipfel, wo Äste und Laubwerk sie völlig verbargen. »Bindet den Sack auf, Herr Fuchs, bindet den Sack auf«, rief ihm die Katze zu, aber die Hunde hatten ihn schon gepackt und hielten ihn fest. »Ei, Herr Fuchs«, rief die Katze, »Ihr bleibt mit Euren hundert Künsten stecken. Hättet Ihr heraufkriechen können wie ich, so wär's nicht um Euer Leben geschehen.«

7

Das Glück kommt gern in ein Haus,
wo Freude herrscht.

WEISHEIT AUS JAPAN

Die sechs Jisos und die Strohhüte

EIN NEUJAHRSMÄRCHEN AUS JAPAN

Es waren einmal ein alter Mann und seine alte Frau. Der Mann flocht Strohhüte, um seinen Lebensunterhalt zu verdienen, doch die beiden lebten im Elend und so kam es einmal, dass sie am letzten Tag des Jahres kein Geld mehr für die traditionellen Neujahrskuchen hatten. Der Alte beschloss also, in die Stadt zu gehen und dort einige Strohhüte zu verkaufen. Er nahm fünf davon und machte sich auf den Weg.

Die Stadt lag weit entfernt und auf dem Weg dorthin musste er eine Ebene durchwandern. Als er endlich in der Stadt angelangt war, fing er an zu rufen: »Strohhüte! Wer will einen Strohhut kaufen? Die besten Strohhüte!«

Die Stadt war voller Menschen, die Festtagseinkäufe machten. Sie kauften Fisch, Sake und Neujahrskuchen und eilten nach Hause. Niemand aber wollte dem Alten einen Strohhut abkaufen. Für den Neujahrstag braucht man keine Strohhüte.

Als es anfing zu schneien, ging der alte Mann in der ganzen Stadt herum und bot seine Hüte an. Am Ende des Tages aber hatte er noch keinen einzigen Hut verkauft.

Als sich der Alte müde auf den Heimweg machte, sah er in der Ebene einige Jiso-Statuen unter dem Schnee stehen. Schneeflocken bedeckten die Köpfe der sechs steinernen Statuen. Der gutmütige Alte dachte sich: »Bei dieser Kälte werden die Jisos frieren.«

Er fegte den Schnee von ihren Köpfen und setzte ihnen die Hüte auf, die er nicht verkauft hatte. Dabei murmelte er: »Diese Hüte konnte ich nicht verkaufen, aber ich bitte Euch, sie anzunehmen.«

Weil er nur fünf Hüte mitgenommen hatte, es aber sechs Statuen waren, schenkte der Alte dem letzten Jiso seinen eigenen Hut. »Ich bitte um Entschuldigung, dass dieser Hut nicht neu ist«, sagte er und setzte seinen Weg fort.

Als der alte Mann endlich heimkam, war er mit Schnee bedeckt, denn er hatte ja seinen eigenen Hut weggegeben. Als seine Frau das sah, fragte sie: »Was ist passiert?«

Der Alte antwortete: »Ich habe keinen einzigen Hut in der Stadt verkauft und auf dem Heimweg sah ich die Jisos in der Kälte stehen. Ihre Köpfe waren mit Schnee bedeckt, und so habe ich ihnen die Hüte gegeben. Weil die Hüte

nicht reichten, habe ich ihnen auch meinen eigenen geschenkt.«

Seine Frau war sehr ergriffen. »Du hast gut getan«, sagte sie. »Obwohl wir arm sind, haben wir doch ein Haus. Deshalb müssen wir zufrieden sein.« So saßen beide beim Feuer. Weil sie wegen der nicht verkauften Hüte kein Geld hatten, fehlten auf ihrem Tisch die traditionellen Reiskuchen.

Als es dunkel geworden war, wurden die beiden von einem Geräusch geweckt. Erst kamen die Stimmen von weitem – dann aber hörte man einen Gesang immer näherkommen: »Die Jisos haben Strohhüte vom alten Mann bekommen. Wo steht das Haus der Alten, wo ist das Haus der Alten?«

Der alte Mann und seine Frau wunderten sich sehr über den Gesang. Als sie danach laute Musik hörten, öffneten sie die Tür: Vor der Tür lagen große Portionen Reis, Sake und Fisch, Neujahrsschmuck und warme Kimonos verschiedenster Art.

Die Alten schauten sich um, um zu sehen, wer ihnen diese Dinge auf die Türschwelle gelegt haben mochte, und sahen die sechs Jisos, die sich entfernten – jeder mit einem Strohhut auf seinem Kopf.

So hatten sich die Jisos mit einem Neujahrsgeschenk bei dem alten Mann für seine Wohltat bedankt.

8

Sterne hoch die Kreise schlingen,
aus des Schnees Einsamkeit ...

JOSEPH VON EICHENDORFF

Weihnachten

ADELHEID WETTE

Leise weht's durch alle Lande
wie ein Gruß vom Sternenzelt,
schlinget neue Liebesbande
um die ganze weite Welt.

Jedes Herz mit starkem Triebe
ist zu Opfern froh bereit,
denn es naht das Fest der Liebe,
denn es naht die Weihnachtszeit.

Und schon hat mit tausend Sternen
sich des Himmels Glanz entfacht,
leise tönt aus Himmelsfernen
Weihgesang der heil'gen Nacht.

Hell aus jedem Fenster strahlet
wundersam des Christbaums Licht,
und der Freude Schimmer malet
sich auf jedem Angesicht.

Lichte Himmelsboten schweben
ungeseh'n von Haus zu Haus;
selig Nehmen, selig Geben
geht von ihrer Mitte aus.

O willkommen, Weihnachtsabend,
allen Menschen, groß und klein!
Friedebringend, froh und labend
mögst du allen Herzen sein!

Weihnachten

JOSEPH VON EICHENDORFF

Markt und Straßen stehn verlassen,
still erleuchtet jedes Haus,
sinnend geh ich durch die Gassen,
alles sieht so festlich aus.

An den Fenstern haben Frauen
buntes Spielzeug fromm geschmückt,
tausend Kindlein stehn und schauen,
sind so wunderstill beglückt.

Und ich wandre aus den Mauern
bis hinaus ins freie Feld,
hehres Glänzen, heil'ges Schauern!
Wie so weit und still die Welt!

Sterne hoch die Kreise schlingen,
aus des Schnees Einsamkeit
steigt's wie wunderbares Singen –
o du gnadenreiche Zeit!

9

Sterne sind die
Vergissmeinnicht der Engel.

HENRY WADSWORTH LONGFELLOW

Das arme Mädchen

JACOB UND WILHELM GRIMM

Es war einmal ein kleines Mädchen, dem waren Vater und Mutter gestorben, es war ganz allein auf der Welt und hatte niemanden mehr. Es war so arm, dass es kein Kämmerchen mehr hatte, darin zu wohnen, und kein Bettchen mehr hatte, darin zu schlafen, und endlich gar nichts mehr als die Kleider auf dem Leib und ein Stückchen Brot in der Hand, das ihm ein mitleidiges Herz geschenkt hatte. Es war aber gut und fromm. Und weil es so von aller Welt verlassen war, ging es im Vertrauen auf den lieben Gott hinaus ins Feld.

Als es eine Weile gegangen war, begegnete ihm ein armer alter Mann, der sprach: »Ach, gib mir etwas zu essen, ich bin so hungrig.«

Das arme Mädchen reichte ihm das ganze Stückchen Brot und sagte: »Gott segne dir's«, und ging weiter. Da kam ein kleines Mädchen, das jammerte und sprach: »Es friert mich so an meinem Kopfe, schenk mir etwas, womit ich ihn bedecken kann.«

Da tat es seine Mütze ab und gab sie ihm. Und als es noch eine Weile gegangen war, kam ein Junge und hatte kein Leibchen an und fror: da gab es ihm seins. Dann ging es noch weiter, da kam wieder ein Kind und bat es um ein Röcklein, das gab es auch von sich hin.

Endlich gelangte es in einen Wald, und es war schon dunkel geworden, da kam wieder ein Kind und bat um ein Hemdlein, das war das Letzte, was das Mädchen nun auf dem Leibe trug. Da dachte das fromme Mädchen: »Nun gut, es ist dunkle Nacht, da sieht mich niemand, da kann ich wohl mein Hemd weggeben«, und zog das Hemd aus und gab es auch noch hin.

Und wie es so stand und gar nichts mehr hatte, fielen auf einmal die Sterne vom Himmel. Doch siehe da, es waren keine Sterne, sondern lauter blanke Taler. Und obwohl das Mädchen sein Hemdlein weggegeben hatte, so hatte es ein neues an, und das war vom allerfeinsten Leinen. Da sammelte es alle Taler hinein, die um es herum lagen, kehrte in die Stadt zurück und war reich für sein Lebtag.

10

Ohne Poesie lässt sich nichts in der Welt wirken; Poesie aber ist Märchen.

JOHANN WOLFGANG VON GOETHE

Die weißen Vögel vom Arpsee

Ein armer Geißbub trieb alle Tage seine Ziegenherde zu dem Arpsee hinauf. Als er einst zur Mittagszeit sein schwarzes Ledertäschchen öffnete, um Mahlzeit zu halten, flogen drei weiße Vögel heran und ließen sich auf dem See nieder. Solch große Vögel hatte er noch nie gesehen. Ihr Federkleid war schneeweiß, der Hals lang und dünn und der Schnabel gelb. Sie schwammen eilig zu ihm her und schienen vor ihm keine Furcht zu hegen.

Die Vögel gefielen dem Geißbuben sehr, und er ergriff Steine, um den einen oder anderen totzuwerfen und nach Hause zu nehmen; er traf aber nicht. Die Vögel ließen sich durch sein böses Vorhaben nicht erschrecken und rückten dem Ufer immer näher. Da trat er ans Wasser heran, ergriff den Vogel, der ihm am nächsten war, am Halse und zerrte ihn ans Land.

Aber im Nu ließ er ihn wieder los und fuhr zusammen wie noch nie in seinem Leben, denn der Vogel fing an zu reden: »Ach, was willst du mich so grob behandeln. Ich bin nur der geringste der drei Vögel, und wir sind gar keine Vögel, sondern verwunschene Jungfrauen. Der schöne Schwan mit dem goldenen Schnabel ist eine Prinzessin vom Land der Radamanten*. Wir zwei andern sind Kammerzofen, und wir sind alle drei von einem Hexenmeister verwandelt worden, weil die Prinzessin nicht heiraten wollte. Jetzt müssen wir so lange Vögel bleiben, bis wir drei Sachen erhalten. Drei Pflanzen müssen es sein, und wenn du uns diese verschaffen kannst, so werden wir wiederkommen und dann bald erlöst werden!«

Der Bub wollte den Vögeln gerne helfen. »Nennt mir die drei Pflanzen«, sagte er, »und ich will sehen, ob ich sie euch bringen kann.«

»Natterkraut, Baldrian und Nachtschatten müssen es sein.«

Der Geißhirt sagte, er kenne die Kräuter nicht, aber seine Mutter sei Kräutersammlerin und werde sie schon kennen.

»So geh und komm bald wieder«, sagte der Schwan und schwamm zu den Gefährten zurück. Dann flogen sie alle drei zusammen auf und verschwanden hinter dem Berge.

Der Bub trieb die Herde bald darauf nach Hause und erzählte seiner Mutter, was ihm heute begegnet sei. Drei schöne weiße Vögel seien auf dem Arpsee hergeschwommen, er habe den einen erwischt, und der habe ihn angesprochen und die drei Kräutlein von ihm verlangt zur Erlösung. Die Mutter sagte: »Wenn nur das fehlt, so ist bald geholfen. Ich kenne die Kräuter wohl, sie wachsen hier in der Nähe.«

Sie sammelte sie noch im Verlauf des Abends und legte sie zu der Speise ins schwarze Täschlein. Am nächsten Morgen zog der Bub mit den Ziegen wieder hinauf zum See. Als er aufblickte, flogen die Vögel schon daher, ließen sich auf dem blauen, kühlen Wasser nieder und schwammen eilig auf ihn zu. Der Bub zog die drei Kräutlein heraus. Die Schwäne ruderten mit aller Kraft zu ihm hin, und er steckte jedem eines der Kräutlein in den Schnabel.

Der eine fing wieder an zu reden und sagte: »Wir danken dir sehr, lieber Bub, für den großen Dienst, den du uns erwiesen hast. Wir fliegen jetzt wieder zurück ins Land der Radamanten, wo man uns mithilfe der drei Kräutlein erlösen wird. Der Zauberer aber muss sterben. Wenn du willst, so nehmen wir dich mit. Du brauchst nur zwei von uns an den Flügeln zu ergreifen, dann geht es durch die Lüfte, und bevor die Sonne sinkt, sind wir zu Hause!«

Der Geißbub sagte: »Ich danke schön, ich bleibe lieber Geißbub im Walliserland, als dass ich mit euch zu den Radamanten fliege!«

Da flogen die Vögel auf und verschwanden.

* Radamanten od. Rhadamanen: Ein sagenhaftes arabisches Volk, ansässig im Gebiet des heutigen Jemen

11

Es gibt kein Wunder für den,
der sich nicht wundern kann.

MARIE VON EBNER-ESCHENBACH

Die Alte im Wald

JACOB UND WILHELM GRIMM

Es fuhr einmal ein armes Dienstmädchen mit seiner Herrschaft durch einen großen Wald, und als sie mitten darin waren, kamen Räuber aus dem Dickicht hervor und ermordeten, wen sie fanden. Da kamen alle miteinander um bis auf das Mädchen, das war in der Angst aus dem Wagen gesprungen und hatte sich hinter einem Baum verborgen.

Wie die Räuber mit ihrer Beute fort waren, trat es herbei und sah das große Unglück. Da fing es an bitterlich zu weinen und sagte: »Was soll ich armes Mädchen nun anfangen, ich weiß mich nicht aus dem Wald herauszufinden, keine Menschenseele wohnt darin, so muss ich gewiss verhungern.« Es ging herum, suchte einen Weg, konnte aber keinen finden. Als es Abend war, setzte es sich unter einen Baum, befahl sich Gott, und wollte da sitzen bleiben und nicht weggehen, mochte geschehen, was immer wollte.

Als es aber eine Weile da gesessen hatte, kam ein weiß Täubchen zu ihm geflogen und hatte ein kleines goldenes Schlüsselchen im Schnabel. Das Schlüsselchen legte es ihm in die Hand und sprach: »Siehst du dort den großen Baum, daran ist ein kleines Schloss, das schließ mit dem Schlüsselchen auf, so wirst du Speise genug finden und keinen Hunger mehr leiden.« Da ging es zu dem Baum und schloss ihn auf und fand Milch in einem kleinen Schüsselchen und Weißbrot zum Einbrocken dabei, dass es sich satt essen konnte.

Als es satt war, sprach es: »Jetzt ist es Zeit, wo die Hühner daheim auffliegen, ich bin so müde, könnt ich mich doch auch in mein Bett legen.« Da kam das Täubchen wieder geflogen und brachte ein anderes goldenes Schlüsselchen im Schnabel und sagte: »Schließ dort den Baum auf, so wirst du ein Bett finden.« Da schloss es auf und fand ein schönes, weiches Bettchen; da betete es zum lieben Gott, er möchte es behüten in der Nacht, legte sich hin und schlief ein. Am Morgen kam das Täubchen zum dritten Mal, brachte wieder ein Schlüsselchen und sprach: »Schließ dort den Baum auf, da wirst du Kleider finden«, und wie es aufschloss, fand es Kleider mit Gold und Edelsteinen besetzt, so herrlich, wie sie keine Königstochter hat. Also lebte es da eine Zeit lang, und kam das Täubchen alle Tage und sorgte für alles, was es bedurfte, und war das sein stilles, gutes Leben.

Einmal aber kam das Täubchen und sprach: »Willst du mir etwas zuliebe tun?«

»Von Herzen gerne«, sagte das Mädchen. Da sprach das Täubchen: »Ich will dich zu einem kleinen Häuschen führen, da geh hinein, mittendrin am Herd wird eine alte Frau sitzen und ,guten Tag' sagen. Aber gib ihr beileibe keine Antwort, sie mag auch anfangen, was sie will, sondern geh zu ihrer rechten Hand weiter, da ist eine Türe, die mach auf, so wirst du in eine Stube kommen, wo eine Menge von Ringen allerlei Art auf dem Tisch liegt, darunter sind prächtige mit glitzerigen Steinen, die lass aber liegen und suche einen schlichten heraus, der auch darunter sein muss, und bring ihn zu mir her, so geschwind du kannst.«

Das Mädchen ging zu dem Häuschen und trat zu der Türe ein; da saß eine Alte, die machte große Augen, wie sie es erblickte, und sprach: »Guten Tag, mein Kind.« Es gab ihr aber keine Antwort und ging auf die Türe zu. »Wo hinaus?«, rief sie und fasste es beim Rock und wollte es festhalten. »Das ist mein Haus, da darf niemand herein, wenn ich's nicht haben will.« Aber das Mädchen schwieg still, machte sich von ihr los und ging gerade in die Stube hinein. Da lag nun auf dem Tisch eine übergroße Menge von Ringen, die glitzerten und glimmerten ihm vor den Augen; es warf sie herum und suchte nach dem schlichten, konnte ihn aber nicht finden.

Wie es so suchte, sah es die Alte, wie sie daherschlich und einen Vogelkäfig in der Hand hatte und damit fort wollte. Da ging es auf sie zu und nahm ihr den Käfig aus der Hand, und wie es ihn aufhob und hineinsah, saß ein Vogel darin, der hatte den schlichten Ring im Schnabel. Da nahm es den Ring und lief ganz froh damit zum Haus hinaus und dachte, das weiße Täubchen würde kommen und den Ring abholen, aber es kam nicht. Da lehnte es sich an einen Baum und wollte auf das Täubchen warten, und wie es so stand, da war es, als würde der Baum weich und biegsam und senkte seine Zweige herab. Und auf einmal schlangen sich die Zweige um es herum und waren zwei Arme, und wie es sich umsah, war der Baum ein schöner junger Mann, der es umfasste und herzlich küsste und sagte: »Du hast mich erlöst und aus der Gewalt der Alten befreit, die eine böse Hexe ist. Sie hatte mich in einen Baum verwandelt, und alle Tage ein paar Stunden war ich eine weiße Taube, und solang sie den Ring besaß, konnte ich meine menschliche Gestalt nicht wiedererhalten.« Da waren auch seine Bedienten und Pferde von dem Zauber frei, die sie auch in Bäume verwandelt hatte, und standen neben ihm. Da fuhren sie fort in sein Reich, denn er war eines Königs Sohn, und sie heirateten und lebten fortan glücklich zusammen.

12

Ein froher Sinn ist wie ein Frühling,
er öffnet die Blüten der
menschlichen Natur.

JEAN PAUL

Wie sich der Eisbär mit den Tieren versöhnte

EIN MÄRCHEN AUS SIBIRIEN

Der Eisbär war überaus wütend, als die Sonne verschwunden war. Kälte und Finsternis herrschten jetzt im Himmel. Der weiße Geselle wurde griesgrämig. Eines Tages beschloss er, zu der Sonne auf die Erde hinabzusteigen.

»Ich bin gekommen, um mir die Sonne zu holen«, sagte er zu den Tieren.

»Wir geben sie dir nicht«, sagte der Fuchs. Er zitterte vor Schreck.

»Ohne Sonne herrschten wieder Finsternis und Kälte auf der Erde.«

»Dafür ist es jetzt im Himmel dunkel und kalt«, brummte der Eisbär.

Die Tiere berieten sich, wurden sich aber nicht einig. Da meldete sich der Rabe Kurkyl zu Wort.

»Wir alle, Brüder und Schwestern, brauchen die Sonne, auch der Eisbär. Ich schlage vor, dass die Sonne den Sommer über bei uns bleibt. Die zweite Hälfte des Jahres soll sie im Himmel sein. Dann ist sowieso Winter, und viele Tiere halten den Winterschlaf. So ist es gerecht.«

Und so taten sie auch.

Seit dieser Zeit dauert im fernen Osten der Tag einen ganzen Sommer und die Nacht einen ganzen Winter lang. Der Eisbär überlegte nicht lange und zog zu den anderen Tieren auf die Erde hinab. Im Winter, wenn die Sonne im Himmel war, hielt er seinen Winterschlaf. Da brauchte er die Sonne nicht. Im Sommer war die Sonne auf der Erde. Und da lief er ihr immer hinterher.

Die kluge Hasenmutter

EIN ARMENISCHES VOLKSMÄRCHEN

Ein hungriger Wolf begegnete im strengen Winter einmal einem Hasen und rief ihm zu: »Bleib stehen, altes Hasenweib, ich bin hungrig, ich will dich fressen!« Die Häsin entgegnete: »Ach, Wolf! Was willst du bloß mit mir? Ich bin selbst halb verhungert und abgemagert. Da hast du nur Haut und Knochen! Lass mich leben! Ich verspreche dir, im nächsten Herbst bekommst du all meine Jungen. Das sind andere Leckerbissen! Deinen Hunger aber kannst du schnell stillen. Im nächsten Dorf feiern die Bauern heute eine Hochzeit. Da sind alle betrunken. Die beste Gelegenheit für dich, einige Schafe zu holen!«

»Gut, einverstanden!«, meinte der Wolf, setzte aber drohend hinzu: »Aber wehe, wenn du mir im nächsten Herbst nicht alle deine Jungen hierher bringst. Hier an diesem Ort erwarte ich dich dann!« Hierauf verabschiedeten sie sich; der Wolf hetzte ins Dorf und die Häsin verschwand in den Büschen.

Der Frühling kam, der Sommer verging und das Laub färbte sich gelb. Da begegnete der Wolf wieder der Häsin und sagte zu ihr: »Ich habe große Lust auf Hasenfleisch. Am nächsten Sonntag nach Sonnenaufgang kommst du zu dem verabredeten Ort und gibst mir deine Jungen!«

»Ja, Wolf«, sagte die Hasenmutter, »ich werde sie dir alle bringen!« Am Sonntag weckte die Häsin kurz nach Sonnenaufgang ihre sechs Jungen und machte sich mit ihnen auf den Weg. Als sie an ein Maisfeld kamen, das in der Nähe des verabredeten Ortes lag, hieß die Hasenmutter ihre Jungen ins Maisfeld laufen. Jeder sollte sich einen Maiskolben abbrechen. Als die Jungen die Maiskolben anschleppten, sagte die Hasenmutter: »So ist es gut! Steckt das untere Ende des Maiskolbens jetzt in euer Maul und wartet hier, bis ich euch rufe. Dann kommt ihr langsam heran. Aber lasst die Kolben nicht fallen!« Daraufhin hoppelte die Häsin zu dem Ort der Verabredung. Der Wolf schrie sie gleich böse an: »Was hast

du versprochen? Betrügerin! Wo sind deine Jungen?« Die Hasenmutter sagte mit beruhigender Stimme: »Von Betrug keine Spur! Du musst dich nur ein Weilchen gedulden. Meine Jungen werden gleich hier sein. Ich bin eigentlich ganz froh, dass du ihnen den Garaus machst, denn es sind wilde und starke Kerle, mit denen ich überhaupt nicht mehr fertig werde: Vor allem, seitdem sie Löwenfett gegessen haben, ist es ganz schlimm mit ihnen. Sie wissen gar nicht mehr wohin vor Übermut!«

»Kommt endlich! Wo bleibt ihr denn?«, rief die Hasenmutter. Da kamen die Jungen langsam näher. Der Wolf stutzte, und als er von Ferne die Maiskolben im Maul der Jungen bemerkte, fragte er die Häsin: »Sag mal, was haben deine Jungen denn in ihren Mäulern?«

»Ach, lieber Wolf«, antwortete die Hasenmutter, »das ist nichts Besonderes. Seit der Zeit, da sie Löwenfett gegessen haben, sind sie so stark geworden, dass sie jedes Tier sofort auffressen, das sie erwischen können. Kürzlich haben sie sechs Wölfe gefangen und verzehrt, und jetzt spielen sie eben mit den Wolfsschwänzen, diese Raubeine!« Der Wolf erschrak bei diesen Worten und suchte eiligst das Weite. Die Hasenmutter aber hoppelte mit ihren sechs Jungen vergnügt durch die Felder nach Hause.

13

Ein Gedicht voller Zauber
und Geheimnisse

Die Zauberin im Walde

JOSEPH VON EICHENDORFF

»Schon vor vielen, vielen Jahren
saß ich drüben an dem Ufer,
sah manch Schiff vorüberfahren
weit hinein ins Waldesdunkel.

Denn ein Vogel jeden Frühling
an dem grünen Waldessaume
sang mit wunderbarem Schalle,
wie ein Waldhorn klang's im Traume.

Und gar seltsam hohe Blumen
standen an dem Rand der Schlünde,
sprach der Strom so dunkle Worte,
's war, als ob ich sie verstünde.

Und wie ich so sinnend atme
Stromeskühl und Waldesdüfte,
und ein wundersam Gelüsten
mich hinabzog nach den Klüften:

Sah ich auf kristallnem Nachen,
tief im Herzensgrund erschrocken,
eine wunderschöne Fraue,
ganz umwallt von goldnen Locken.

Und von ihrem Hals behände
tät sie lösen eine Kette,
reicht' mit ihren weißen Händen
mir die allerschönste Perle.

Nur ein Wort von fremdem Klange
sprach sie da mit rotem Munde,
doch im Herzen ewig stehen
wird des Worts geheime Kunde.

Seitdem saß ich wie gebannt dort,
und wenn neu der Lenz erwachte,
immer von dem Halsgeschmeide
eine Perle sie mir brachte.

Ich barg all' im Waldesgrunde,
und aus jeder Perl der Fraue
sprosste eine Blum zur Stunde,
wie ihr Auge anzuschauen.

Und so bin ich aufgewachsen,
tät der Blumen treulich warten,
schlummert oft und träumte golden
in dem schwülen Waldesgarten.

Fortgespült ist nun der Garten
und die Blumen all' verschwunden,
und die Gegend, wo sie standen,
hab ich nimmermehr gefunden.

In der Fern liegt jetzt mein Leben,
breitend sich wie junge Träume,
schimmert stets so seltsam lockend
durch die alten, dunklen Bäume.

Jetzt erst weiß ich, was der Vogel
ewig ruft so bange, bange,
unbekannt zieht ew'ge Treue
mich hinunter zu dem Sange.

Wie die Wälder kühle rauschen,
zwischendurch das alte Rufen,
wo bin ich so lang gewesen? –
O ich muss hinab zur Ruhe!«

Und es stieg vom Schloss hinunter
schnell der süße Florimunde,
weit hinab und immer weiter
zu dem dunkelgrünen Grunde.

Hört' die Ströme stärker rauschen,
sah in Nacht des Vaters Burge
stillerleuchtet ferne stehen,
alles Leben weit versunken.

Und der Vater schaut' vom Berge,
schaut' zum dunklen Grunde immer,
regte sich der Wald so grausig,
doch den Sohn erblickt' er nimmer.

Und es kam der Winter balde,
und viel Lenze kehrten wieder,
doch der Vogel in dem Walde
sang nie mehr die Wunderlieder.

Und das Waldhorn war verklungen
und die Zauberin verschwunden,
wollte keinen andern haben
nach dem süßen Florimunde.

14

✳

Das wunderbarste Märchen
ist das Leben selbst.

HANS CHRISTIAN ANDERSEN

Der Schneemann — Teil I

NACH HANS CHRISTIAN ANDERSEN

»Eine so herrliche Kälte ist es, dass mir der ganze Körper knackt!« sagte der Schneemann. »Der Wind kann einem wirklich Leben einhauchen. Und wie die Glühende dort glotzt!« Er meinte die Wintersonne, die gerade im Untergehen begriffen war. »Mich soll sie nicht zum Blinzeln bringen, ich werde schon die Stückchen festhalten.«

Statt der Augen hatte er nämlich zwei große, dreieckige Stückchen von einem Dachziegel im Kopf; sein Mund bestand aus einem alten Rechen, und daher hatte sein Mund auch Zähne. Geboren war er unter dem Jubelruf der Kinder, begrüßt vom Schellengeläut der Schlitten.

Die Sonne ging unter, der Vollmond ging auf, rund, groß, klar und schön in der blauen Luft.

»Da ist sie wieder von einer anderen Seite!«, sagte der Schneemann. Damit wollte er sagen: Die Sonne zeigt sich wieder. »Ich habe ihr doch das Glotzen abgewöhnt! Mag sie jetzt dort hängen und leuchten, damit ich mich selber sehen kann. Wüsste ich nur, wie man es macht, um von der Stelle zu kommen! Ich möchte mich gar zu gern bewegen! Wenn ich es könnte, würde ich jetzt dort unten auf dem Eis hingleiten, wie ich die Knaben gleiten gesehen habe; allein ich verstehe mich nicht darauf, weiß nicht, wie man läuft.«

»Weg! Weg!«, bellte der alte Kettenhund; er war etwas heiser und konnte nicht mehr das echte »Wau! Wau!« aussprechen; die Heiserkeit hatte er sich geholt, als er noch Stubenhund war und drinnen unter dem Ofen lag. »Die Sonne wird dich schon lehren, wie man läuft! Das habe ich vorigen Winter an deinem Vorgänger und noch früher an dessen Vorgänger gesehen. Weg! Weg! Und dahin sind sie alle!«

»Ich verstehe dich nicht, Kamerad«, sagte der Schneemann. »Die dort oben soll mich laufen lehren?«

»Du weißt gar nichts!«, entgegnete der Kettenhund, »du bist aber auch eben erst zusammengekleckst worden. Der, den du da siehst, das ist der Mond. Und die, welche vorhin davongegangen ist, das war die Sonne. Wir kriegen bald anderes Wetter, ich fühle es schon in meinem linken Hinterbein, das Wetter wird sich ändern!«

»Ich verstehe ihn nicht«, sagte der Schneemann, »aber ich habe es im Gefühl, dass es etwas Unangenehmes ist, was er spricht. Sie, die so glotzte und sich alsdann davonmachte, die Sonne, wie er sie nennt, ist auch nicht meine Freundin, das habe ich im Gefühl!«

Das Wetter änderte sich wirklich. Gegen Morgen lag ein dicker, feuchter Nebel über der ganzen Gegend, später kam der Wind, ein eisiger Wind. Das Frostwetter packte einen ordentlich, aber als die Sonne aufging, welch weißglitzernde Pracht breitete sich da aus! Bäume und Büsche waren mit

Reif überzogen, sie glichen einem ganzen Wald von Korallen, alle Zweige schienen mit strahlend weißen Blüten über und über besät. Die vielen und feinen Verästelungen, die der Blätterreichtum während der Sommerzeit verbirgt, kamen jetzt alle zum Vorschein. Es schien, als habe ein Spitzengewebe, glänzend weiß, die Natur überdeckt, und aus jedem Zweig strömte ein weißer Glanz. Und als die Sonne schien, nein, wie flimmerte und funkelte das Ganze, als läge Diamantenstaub auf allem und als flimmerten auf dem Schneeteppich des Erdbodens die großen Diamanten, oder man konnte sich auch vorstellen, dass unzählige kleine Lichter leuchteten, weißer selbst als der weiße Schnee.

»Das ist wunderbar schön!«, sagte ein junges Mädchen, das mit einem jungen Mann in den Garten trat. Beide blieben in der Nähe des Schneemanns stehen und betrachteten von hier aus die flimmernden Bäume.

»Wer waren die beiden?«, fragte der Schneemann.

»Liebesleute!«, gab der Kettenhund zur Antwort. »Sie werden in eine Hütte ziehen und zusammen am Knochen nagen. Weg, weg!«

»Sind denn die beiden auch solche Wesen wie du und ich?«, fragte der Schneemann.

»Die gehören ja zur Herrschaft!«, versetzte der Kettenhund, »freilich weiß man sehr wenig, wenn man den Tag zuvor erst zur Welt gekommen ist. Ich kenne alle hier im Haus, und auch eine Zeit hat es gegeben, da lag ich nicht hier in der Kälte und an der Kette. Weg! Weg!«

»Die Kälte ist herrlich!«, sprach der Schneemann. »Erzähle, erzähle! Aber du darfst nicht mit den Ketten rasseln; es knackt in mir, wenn du das tust.«

»Weg! Weg!«, bellte der Kettenhund. »Ein Junge bin ich gewesen, klein und niedlich, sagte man. Damals lag ich auf einem mit Samt überzogenen Stuhl dort oben im Herrenhaus, im Schoß der obersten Herrschaft. Mir wurde die Schnauze geküsst, und die Pfoten wurden mir mit einem gestickten Taschentuch abgewischt, ich hieß Ami! ... Lieber Ami! Süßer Ami! Aber später wurde ich ihnen dort oben zu groß, und sie schenkten mich der Haushälterin. Ich kam in die Kellerwohnung. Du kannst dorthin hinunterschauen, wo ich Herrschaft gewesen bin, denn das war ich bei der Haushälterin. Es war zwar ein geringerer Ort als oben, aber dafür um vieles gemütlicher. Ich wurde nicht in einem fort von Kindern angefasst und gezerrt wie oben, bei der Herrschaft. Ich bekam ebenso gutes Futter wie früher, ja besseres noch! Ich hatte mein eigenes Kissen, und ein Ofen war da, der ist um diese Zeit das Schönste auf der Welt! Ich ging unter den Ofen, konnte mich darunter ganz verkriechen. Ach, von ihm träume ich noch. Weg! Weg!«

Das ist noch nicht das Ende der Geschichte vom Schneemann – morgen geht es weiter.

15

Alle Wahrheit ist Schönheit,
und alles Unschöne ist Unwahrheit.

BETTINA VON ARNIM

Der Schneemann — Teil II

NACH HANS CHRISTIAN ANDERSEN

»Sieht denn ein Ofen so schön aus?«, fragte der Schneemann. »Hat er Ähnlichkeit mit mir?«

Der Hund ließ einen kurzen Schnauber hören. »Der ist gerade das Gegenteil von dir! Er ist rabenschwarz, hat einen langen Hals mit Messingtrommel und frisst Brennholz, dass ihm das Feuer auf dem Munde sprüht. Man muss sich an der Seite von ihm halten, dicht daneben, ganz unter ihm, da ist es sehr angenehm. Von dort aus, wo du stehst, wirst du ihn durch das Fenster sehen können.«

Und der Schneemann schaute danach und sein Blick blieb bei einem blank polierten Gegenstand mit rötlich goldener Trommel hängen; das Feuer leuchtete von unten heraus. Dem Schneemann wurde ganz wunderlich zumute, es überkam ihn ein seltsames Gefühl, er wusste selber nicht, welches, er konnte sich keine Rechenschaft darüber ablegen – aber alle Menschen, wenn sie nicht Schneemänner sind, kennen es.

»Und warum hast du sie verlassen?«, fragte der Schneemann. Er hatte es im Gefühl, dass es ein weibliches Wesen sein musste. »Wie konntest du nur von einem solchen Ort fortgehen?«

»Ich musste wohl!«, sagte der Kettenhund. »Eines Tages warf man mich zur Tür hinaus und legte mich hier an die Kette. Ich hatte den jüngsten Sohn der Herrschaft ins Bein gebissen, weil er mir den Knochen wegstieß, an dem ich nagte: Knochen um Knochen, so denke ich! Das nahm man mir aber sehr übel, und von dieser Zeit an bin ich an die Kette gelegt worden und habe meine Stimme verloren, hörst du nicht, dass ich heiser bin? Ich kann nicht mehr so sprechen wie die anderen Hunde: Weg, weg! Das war das Ende vom Lied!«

Der Schneemann hörte ihm aber nicht mehr zu, er schaute immerfort in die Kellerwohnung der Haushälterin, in ihre Stube hinein, wo der Ofen auf seinen vier eisernen Beinen stand und sich in derselben Größe zeigte wie der Schneemann.

»Wie das sonderbar in mir knackt!«, sagte er. »Werde ich nie dort hineinkommen? Es ist doch ein unschuldiger Wunsch, und unsere unschuldigen Wünsche werden gewiss in Erfüllung gehen. Ich muss dort hinein, ich muss mich an sie anlehnen, und wollte ich auch das Fenster eindrücken!«

»Dort hinein wirst du nie gelangen!«, sagte der Kettenhund, »und kommst du an den Ofen hin, so bist du weg, weg!«

»Ich bin schon so gut wie weg!«, erwiderte der Schneemann, »ich breche zusammen, glaube ich.«

Den ganzen Tag stand der Schneemann und schaute durchs Fenster hinein. In der Dämmerstunde wurde die Stube noch einladender: Vom Ofen her leuchtete es mild, und wenn die Stubentür aufging, hing ihm die Flamme zum Munde heraus, es flammte deutlich rot auf um das weiße Gesicht des Schneemannes, es leuchtete rot seine ganze Brust herauf.

»Ich halte es nicht mehr aus!«, sagte er. »Wie schön es ihr steht, die Zunge so herauszustrecken!«

Die Nacht war lang, dem Schneemann ward sie aber nicht lang, er stand in seine eigenen schönen Gedanken vertieft, und die froren, dass es knackte.

Am Morgen waren die Fensterscheiben der Kellerwohnung mit Eis bedeckt. Sie trugen die schönsten Eisblumen, die ein Schneemann sich nur wünschen konnte, jedoch sie verbargen den Ofen. Es war gerade so ein Frostwetter, an dem ein Schneemann seine Freude haben musste. Er aber freute sich nicht – wie hätte er sich auch glücklich fühlen können: Er hatte Ofensehnsucht.

»Das ist eine schlimme Krankheit für einen Schneemann«, sagte der Kettenhund, »ich habe an der Krankheit gelitten; aber ich habe sie überstanden. Weg! Weg!«, bellte er. »Wir werden anderes Wetter bekommen!«, fügte er hinzu.

Und das Wetter änderte sich, es taute.

Das Tauwetter nahm zu, der Schneemann nahm ab. Er sagte nichts, er klagte nicht, und eines Morgens brach er zusammen. Und sich, es ragte so etwas wie ein Besenstiel da, wo er gestanden hatte, empor. Um den Stiel herum hatten die Jungen ihn aufgebaut.

»Ja, jetzt begreife ich es, jetzt verstehe ich es, dass er die große Sehnsucht hatte!«, sagte der Kettenhund. »Da ist ja ein Eisen zum Ofenreinigen an dem Stiel, der Schneemann hat einen Ofenkratzer im Leib gehabt! Das ist es, was sich in ihm geregt hat, jetzt ist das überstanden, weg, weg!«

Und bald darauf war auch der Winter vergangen.

»Weg, weg!«, bellt der heisere Kettenhund, aber die Mädchen aus dem Hause singen:

»Waldmeister grün! Hervor aus dem Haus,
Weide! Die wollenen Handschuhe aus,
Lerche und Kuckuck! Singt fröhlich drein,
Frühling im Februar wird es sein!
Ich singe mit: Kuckuck! Kiwitt!
Komm, liebe Sonne, komm oft – kiwitt!«

Und dann denkt niemand an den Schneemann.

16

Der Stein prüfet das Gold,
das Gold die Leute.

SPRICHWORT AUS
DEUTSCHLAND

Vom Armen, der den Padischah überlistete

EIN MÄRCHEN AUS TURKMENISTAN

Es war einmal ein Padischah. Er war dafür bekannt, dass er mit seinen Untertanen seine Späße trieb, und niemand konnte es mit ihm aufnehmen. Eines Tages ließ er den ärmsten Daichan zu sich kommen und sprach: »Du bist arm, ich aber will dich reich machen. Nimm diesen Brief und gehe zum Oberschatzmeister, er möge dir alles geben, wie ich es ihm aufgetragen habe.« Nachdenklich ging der Arme fort: Womit habe ich diese Fürsorge verdient? Ich muss in Erfahrung bringen, was in dem Brief steht.

In jenem Winter herrschte grimmiger Frost. Der Schnee lag bergehoch. Der Arme fror jämmerlich in seinen zerrissenen Schuhen und dem verschlissenen Mantel, bevor er einen Menschen fand, der zu lesen verstand: »Ich, der große Padischah, befehle dir, Hauptschatzmeister, dem Besitzer dieses Briefes meine Gabe auszuhändigen – dreißig Batman* Schnee. Falls du dieses Gebot nicht ausführst, so ist dir die strengste Strafe gewiss, die es in unserem Reich gibt, der Tod«, schrieb der Padischah.

Na ja, dachte der Arme, das ist wahrlich ein königliches Geschenk. Er versteckte den Brief und machte sich an sein Tagewerk. Darüber verging der Winter, der Frühling nahm seinen Lauf, und es wurde Sommer. Jetzt ist gerade die rechte Zeit gekommen, um das Geschenk des Padischahs in Empfang zu nehmen, dachte der Arme und begab sich zum Schatzmeister. Er reichte ihm den Brief und wartete, was geschehen würde.

Der Schatzmeister las und wurde totenblass. »Welch Unheil ist über mich gekommen«, klagte er endlich und wiegte verzweifelt seinen Kopf in den Händen. »Woher soll ich nur den Schnee nehmen?«

»Das schert mich nicht«, erwiderte der Arme. »Es ist ein Gebot des Padischahs. Wenn du mir keinen Schnee gibst, will ich hingehen und Klage über dich führen.«

»Tu's nicht, guter Mann, ich bitte dich«, flehte der Oberschatzmeister. »Ich habe Frau und Kinder, wer soll sie ernähren, wenn ich nicht mehr bin? Wenn ich dir nun statt des Schnees Geld gebe?« Der Arme widersetzte sich lange. Erst als der Oberschatzmeister ihm eine Summe nannte, mit der er bis ans Ende seiner Tage sein reichliches Auskommen haben würde, willigte der Arme ein.

*osmanische Gewichtseinheit

Der Padischah war nicht wenig erstaunt, als man ihm meldete, dass ein Mann gekommen sei, der ihm seine Dankbarkeit für die höchste Padischah-Gnade aussprechen möchte. »So etwas ist mir noch niemals in meinem Leben geschehen!« Der Padischah lachte lauthals. »Ich soll jemandem eine Gnade erwiesen haben? Na schön, ruft diesen Mann. Wir wollen sehen und hören.«

»Oh großer Padischah«, sagte der Arme und verneigte sich tief. »Ich bin gekommen, um Euch meine Dankbarkeit auszusprechen für Eure hohe Gnade.«

»Von welcher Gnade sprichst du?«, fragte der Padischah.

»Ihr habt mir im Winter dreißig Batman Schnee geschenkt«, erwiderte der Arme.

Als sich der Padischah seines Scherzes erinnerte, brach er in Lachen aus. Auch seine Vertrauten stimmten ein.

»Doch da ich zu jener Zeit gerade selbst Schnee im Überfluss besaß«, fuhr der Arme fort, »habe ich ihn zur Aufbewahrung in Eurem Staatsschatz gelassen. Heute nun bin ich gekommen, um ihn in Empfang zu nehmen. Der Schatzmeister aber hatte ihn, wie sich zeigte, für die eigenen Bedürfnisse verwendet. Deshalb war er gezwungen, mir dieses Geld auszuzahlen.«

Mit diesen Worten schüttete der Arme vor dem Padischah eine Handvoll Goldmünzen auf den Boden. Der Padischah musste noch lauter lachen als zuvor und gebot, dem Armen für seine Schlauheit und Findigkeit noch einmal so viele Goldmünzen aufzuzählen.

17

Unschuld ist der Weisheit gleich.

EURIPIDES

Der Astronom, der Arzt und der Bauer

EIN MÄRCHEN AUS RUMÄNIEN

Zwei Freunde von Kindheit auf, die die hohen Schulen des Auslandes besuchten, hatten die Bücherweisheit bis zum Bodensatz gründlich studiert, waren also rechte Büchersäcke geworden. Nachdem sie ihre Studien beendet hatten, kehrten sie nach Hause zurück, um, wie sie beabsichtigten, alle Welt zu belehren. Der eine war Sterndeuter, der andere Arzt. Da sie aber keinerlei Vermögen hatten, wollten sie nicht gleich mitten in die Stadt ziehen, sondern mit ihren Belehrungen zuerst am Rande der Stadt beginnen, wo sie sich etwas zu verdienen hofften, um sich davon auszustaffieren. Wie sie es sich vorgenommen hatten, so gingen sie die Sache auch an.

Eines Tages erschienen sie im Hause eines Vorstädters. Hier fanden sie nur die Frau des Hauses. Ihr Mann war auf dem Felde, um einige restliche Kartoffeln zur Fütterung des Viehes zu ernten. Sie baten um Herberge. Währenddessen, es war inzwischen schon Abend geworden, traf auch der Mann ein. Ihm trugen sie ihr Anliegen vor. Der Mann wollte sie gern beherbergen, und da er gehört hatte, dass sie berühmte Gelehrte seien, breitete er in der Stube alle guten Decken und Kissen, die er hatte, für sie aus. Er aber legte sich unter den Vorraum draußen, in den Fellmantel eingehüllt, schlafen.

Bevor sie sich niederlegten, bereitete das Weib den Studierten Rühreier aus einigen Eiern, gab ihnen ein wenig Milch und ein bisschen Butter dazu. Für ihren Mann aber bereitete sie eine erschreckend große Menge Maisbrei und stellte ihn mit einer riesigen Schüssel Bohnen vor ihn hin, da es gerade in der Fastenzeit vor Weihnachten war. Der Mann aß mit Genuss, da er sehr hungrig war, schließlich schüttete er eine Kanne mit Wasser hinunter, sodass ihm die Ohren brausten.

Währenddessen traten die Gelehrten vor das Haus. Der Astronom blickte zum Himmel auf und sagte: »Welch schönes Wetter werden wir morgen haben!« Der Arzt hörte ihn bewundernd an und sagte dann: »Sieh dir diesen Mann an, morgen wird er nicht mehr unter den Lebenden weilen. Er wird bersten. Hast du gesehen, was und wie er gegessen hat?« Dann kehrten sie in das Haus zurück, um sich niederzulegen.

Bevor sie eingeschlafen waren, trat der Bauer noch einmal in die Stube und sagte: »Weib, komm, wir wollen die Sachen, die draußen im Hofe liegen, zusammenraffen und unter Dach bringen, denn es wird, wie mir scheint, heute

Nacht schneien.« Als die Gelehrten das hörten, konnten sie ihr Lachen nur mit Mühe unterdrücken, schwiegen aber.

Dann legten sich alle nieder und schliefen ein. In der Nacht noch, beim ersten Hahnenschrei, trat der Bauer in die Stube und weckte sein Weib, damit sie im Ofen ein Feuer anzünde. Da sagte der Arzt zu seinem Genossen: »Dies sind Zeichen dafür, dass er sich nicht wohlfühlt. Verhalte dich ganz ruhig. Warte noch ein Weilchen und du wirst sehen, dass er bersten wird.« Inzwischen ging der Bauer hinaus und kam mit einem guten Arm voll Holz zurück. Während er das Holz in seinem Arm angehäuft hatte und ins Haus zurückgekehrt war, war er ganz weiß vom Schnee geworden, denn es schneite wie mitten im Winter. Als ihn die Gelehrten so voll Schnee sahen, wunderten sie sich sehr. Der Bauer machte Feuer und stellte sich neben den Ofen, um sich zu wärmen. Auch das Weib erhob sich und nahm den Spinnrocken. Sie arbeitete, und er erzählte ihr Geschichten vom Ofen her. Er dachte gar nicht daran zu bersten.

Nachdem es taghell geworden war, und die Gelehrten sahen, dass der Schnee hoch lag und der Bauer in bester Laune war, fragten sie ihn aus. »Wie ist es möglich«, sagte der Arzt, »dass Euch zum Teufel noch mal gar nichts fehlt, nachdem Ihr gestern Abend einen großen Topf mit Bohnen und einen ganzen Maisbrei gegessen und dazu eine Kanne Wasser getrunken habt?«

»Oh, sehr gut!«, antwortete der Bauer. »Ich arbeite den ganzen Tag über und bis in den Abend hinein. Wenn ich hungrig nach Hause komme, esse ich immer so. Ich habe mich an diese Art zu essen gewöhnt und fühle mich wohl dabei und bin, Gott sei Dank, gesund.«

»Das ist gut!«, sagte der Astronom, »aber woher wusstet Ihr, dass es heute Nacht schneien würde?«

»Schaut, als ich von dem Feld zurückkehrte, da sah ich eine Sau, die Stroh sammelte und zu ihrer Lagerstätte trug. Dies ist das sicherste Zeichen dafür, dass es schneien wird.«

»Komm, gehen wir weiter«, sprach der Astronom zum Arzt und stieß ihn mit dem Ellenbogen an. »Hier, wo auch die Schweine Astronomen sind, gibt es nichts für uns zu verdienen, nicht mehr als eine erfrorene Zwiebel.«

18

Im Reich der Hoffnung
ist es nie Winter.

RUSSISCHES SPRICHWORT

Der Hase und der Fuchs

LUDWIG BECHSTEIN

Ein Hase und ein Fuchs reisten beide miteinander. Es war Winterszeit, und es grünte kein Kraut, und auf dem Felde kroch weder Maus noch Laus. »Das ist ein hungriges Wetter«, sprach der Fuchs zum Hasen, »mir schnurren alle Gedärme zusammen.«

»Ja wohl«, antwortete der Hase. »Es ist überall Dürrhof, und ich möchte meine eignen Löffel fressen, wenn ich damit ins Maul langen könnte.«

So hungrig trabten sie miteinander fort. Da sahen sie von Weitem ein Bauernmädchen kommen, das trug einen Handkorb, und aus dem Korb kam dem Fuchs und dem Hasen ein angenehmer Geruch entgegen, der Geruch von frischen Semmeln. »Weißt du was?«, sprach der Fuchs. »Lege dich der Länge nach hin und stelle dich tot. Das Mädchen wird seinen Korb hinstellen und dich aufheben wollen, um dein Fell zu gewinnen, denn Hasenfelle geben Handschuhe. Derweilen erwische ich den Semmelkorb, uns zum Troste.«

Der Hase folgte dem Rat des Fuchses, fiel hin und stellte sich tot, und der Fuchs duckte sich hinter eine Schneewehe. Das Mädchen kam, sah den frischen Hasen, der alle Viere von sich streckte, stellte ihren Korb hin und bückte sich zu dem Hasen herunter. Jetzt schnellte der Fuchs hervor, schnappte sich den Korb und strich damit querfeldein. Gleich war der Hase lebendig und folgte eilend seinem Begleiter. Dieser aber stand gar nicht still und machte keine Miene, die Semmeln zu teilen, sondern ließ merken, dass er sie allein fressen wollte. Das bemerkte der Hase und nahm es ihm sehr übel. Als sie nun in die Nähe eines kleinen Weihers kamen, sprach der Hase zum Fuchs: »Wie wäre es, wenn wir uns eine Mahlzeit Fische verschafften? Wir haben dann Fische und Weißbrot, wie die großen Herren! Hänge deinen Schwanz ein wenig ins Wasser, so werden die Fische, die jetzt auch nicht viel zu beißen haben, sich daran hängen. Eile aber, ehe der Weiher zufriert.«

Das leuchtete dem Fuchs ein, er ging hin an den Weiher, der eben zufrieren wollte, und hing seinen Schwanz hinein, und eine kleine Weile, so war der Schwanz des Fuchses fest angefroren. Da nahm der Hase den Semmelkorb, fraß die Semmeln vor des Fuchses Augen ganz gemächlich, eine nach der andern, und sprach: »Warte nur, bis es taut, warte nur bis ins Frühjahr, warte nur, bis es auftaut!« und lief davon, und der Fuchs bellte ihm nach, wie ein böser Hund an der Kette.

19

Weihnachten ist die große
Zeit des Zuviel.

LEIGH HUNT

Winternacht

CHRISTIAN MORGENSTERN

Es war einmal eine Glocke,
die machte baum, baum …
Und es war einmal eine Flocke,
die fiel dazu wie im Traum …

Die fiel dazu wie im Traum …
Die sank so leis hernieder
wie ein Stück Engeleingefieder
aus dem silbernen Sternenraum.

Es war einmal eine Glocke,
die machte baum, baum …
Und dazu fiel eine Flocke,
so leis als wie ein Traum.

So leis als wie ein Traum …
Und als vieltausend gefallen leis,
da war die ganze Erde weiß
als wie von Engeleinflaum.

Weihnachtsgebäck

ISABELLA BRAUN

Weinbeer, Mandeln, Sultaninen,
süße Feigen und Rosinen,
welsche Nüsse – fein geschnitten,
Zitronat auch – muss ich bitten!

Birnenschnitze doch zumeist
und dazu den Kirschengeist;
wohl geknetet mit der Hand
alles tüchtig durcheinand'
und darüber Teig gewoben –
wirklich, das muss ich mir loben!

Solch ein Brot kann's nur im Leben
jedes Mal zur Weihnacht geben!
Eier, Zucker und viel Butter
schaumig rührt die liebe Mutter;
kommt am Schluss das Mehl daran,
fangen wir zu helfen an.

In den Teig so glatt und fein
stechen unsre Formen ein:
Herzen, Vögel, Kleeblatt, Kreise –
braune Plätzchen, gelbe, weiße
sieht man bald – welch ein Vergnügen –
auf dem Blech im Ofen liegen.
Knusprig kommen sie heraus,
duften durch das ganze Haus.

Solchen Duft kann's nur im Leben
jedes Mal zur Weihnacht geben!

20

Groß sind des Berges Kräfte, da wirkt
Natur so übermächtig frei ...

JOHANN WOLFGANG
VON GOETHE

Der Bergtroll und der Schatz am Himmel

EIN MÄRCHEN AUS NORWEGEN

Hinter der gewaltigen schwarzen Klippe wohnte der Bergtroll, der im Dunkeln hauste, denn im Sonnenlicht drohte er zu zerplatzen. Dort, im Inneren des schwarzen Berges, lag der Troll und brütete über seinen Gold-, Silber- und Juwelenschätzen. Der Ort schimmerte und funkelte vor lauter Kostbarkeiten, und jedes Mal, wenn der Troll sich bewegte, klimperte das Gold.

Eines Tages hörte der Troll von einem Topf voller Gold am Himmel, und den wollte er haben. Aber nicht, um dessen goldenes Strahlen zu genießen, nein, nur um ihn in seine große Kupfertruhe wegzuschließen. Also begab er sich eines Nachts nach draußen und stolperte umher, räumte Steine von den Hängen, schleuderte Felsblöcke und Steinklumpen um sich, brüllte und suchte nach der Sonne. Er stellte sich vor, wie sie in seiner Kupfertruhe erstrahlen würde. Er schleuderte noch mehr Steine herum und hieb sie aneinander, um Donnergrollen zu erzeugen, und ein Blitz fuhr hinunter in den Berghang.

Dann, in weiter, weiter Ferne schien etwas zwischen den Berggipfeln hervorzuleuchten. »Also, ist das vielleicht die Sonne?«, denkt der Troll. Langsam bricht die Morgendämmerung herein und allmählich sickert das Licht auf die Erde. Das Licht bringt Leben, Wärme und Freude mit sich und lässt keinen Winkel aus. Kummer und Leid, Glück und Freude werden alle sanft wachgeküsst, denn Lichtstrahlen kennen keinen Hass. Jetzt brechen die ersten Sonnenstrahlen durch den dunklen Umriss der Berge. Der Troll knirscht vor lauter hilfloser Wut mit den Zähnen und beißt sich auf seine böse Zunge, bis das Blut fließt. Seine schwieligen Fäuste sind geballt, seine Muskeln und Sehnen gespannt wie ein Flitzebogen. Und dann geht die Sonne auf. Der Troll taumelt, stolpert und schlägt hin, während die bescheidene Bergblume ihren Blütenkelch hebt, um den Tag willkommen zu heißen, und von einem silberglänzenden Tautropfen überzogen wird.

Weit unten im Tal, wo aus kleinen Fenstern Licht hervordringt, wohnen arme Leute mit wenig Hab und Gut in ihren kleinen Holzhütten. Der Winter ist lang und hart für die Menschen. Nichts als Wind und Schnee, und Schnee und Wind ... Und über ihnen, im gewaltigen Gebirge, werden zornige Gesichter zu Stein. Noch heute kannst du sie entdecken, wenn du genau hinschaust. Und nachts, in der Dunkelheit, geistern sie erschreckend und bedrohlich durch die Träume der Menschen ...

21

Eine märchenhafte
Liebeserklärung – nicht nur
zur Weihnachtszeit

Zum Weihnachtsabend

JOHANN MEYER

Du träumst wohl heut' einen süßen Traum,
einen Traum der herzigen Freude:
Es brenn'te so lustig der Tannenbaum,
und darunter ständen wir beide.

Wir reichten die Gaben uns froh zum Fest
und hielten uns selig umfangen,
die Lippen im Kuss aufeinandergepresst,
in Glück und Liebe vergangen.

Da erwachst du plötzlich und schrickst zurück,
der schöne Traum ist zerflossen –
und mit dem Traume das schöne Glück,
das deine Seele genossen.

Du wirst so traurig, die Augen nass,
o, könnt' ich sie trocken dir küssen!
Ich bitt' dich, du Liebe, du Süße, o lass
heut' Abend die Tränen nicht fließen!

Sei wieder die Alte und läch'le vergnügt,
die Liebe kennt keine Schranken,
und ob auch die Ferne dazwischenliegt,
wir sind doch vereint in Gedanken!

Gott weiß am besten, was besser ist,
und wohlgewollt ist sein Wille,
das sei dein Trost, wenn du traurig bist,
das mache die Sehnsucht dir stille.

Hoff' auf den Frühling, er kehrt zurück,
im Fluge eilen die Stunden --
das ist die Zeit, wo Liebe und Glück
verbinden, was sich gefunden.

Wenn es Rosen regnet und Lilien schneit,
wenn Frau Nachtigall flötet im Garten,
dann kommt für uns erst die Weihnachtszeit,
bis dahin müssen wir warten.

Das Weihnachtsfest ist ein Kinderfest,
ein Fest der kindlichen Freude,
dann feiern wir Weihnacht aufs Allerbest'
und freu'n wie die Kinder uns beide.

Und die Lilien und Rosen, die lächeln uns zu,
und die Nachtigall schlägt -- und ich bringe
dein Brautgeschenk dir, du Liebe, du!
Und am Finger blitzen die Ringe!

22

Halt ich sacht auf weißem Felde,
Märchen sinnend, stillerlauschten,
ist's, als ob zu meinen Häupten
nahe Flügelschläge rauschten.

MARIA JANITSCHEK

Die Wildgänse — Teil I

EIN MÄRCHEN AUS POLEN

Es lebte einmal ein junges Mädchen, dessen Eltern angesehene, wohlhabende Leute waren. Dieses Mädchen liebte einen braven und tüchtigen, aber armen jungen Mann von ganzem Herzen, und auch er konnte sich ein Leben ohne das geliebte Mädchen nicht mehr vorstellen. So beschlossen sie, einander für immer anzugehören und zu heiraten.

Die Mutter des Mädchens aber, die sich für ihre Tochter einen ganz anderen Bräutigam wünschte, einen vermögenden, aus vornehmer Familie, weigerte sich hartnäckig, ihre Einwilligung zu dieser Heirat zu geben. Das Mädchen jedoch ließ sich durch nichts davon abbringen, das ihrem Geliebten gegebene Jawort einzulösen.

In der damaligen Zeit, und es ist schon lange, lange her, geschah es noch häufig, dass Flüche, im Zorne ausgesprochen, auch tatsächlich in Erfüllung gingen.

Als nun eines Tages die Mutter wieder vergebens versucht hatte, ihre Tochter von dem Vorhaben, diesen jungen Mann zu heiraten, abzubringen, und sie die Erfolglosigkeit all ihrer Bitten und Drohungen endgültig erkennen musste, geriet sie in solche Aufregung und Wut, dass sie den Fluch ausstieß:

»Eher möge sich unsere ganze Familie in Wildgänse verwandeln, als dass ich es zulasse, dass dieser Bursche mein Schwiegersohn werde!«

Kaum hatte die Mutter diese Worte ausgesprochen, da geschah etwas Schreckliches. Mutter, Vater sowie alle ihre Söhne und Töchter begannen sich zu verwandeln. Aus den Armen wurden Flügel, die Körper bedeckten sich mit Federn, die Hälse wurden lang und dünn wie bei Gänsen, und so verwandelte sich rasch ein Teil ihres Körpers nach dem anderen. Im Nu war alles menschliche Aussehen verschwunden, und anstatt der Familie stand plötzlich eine Schar Wildgänse da. So ging also der Fluch der Mutter genau in Erfüllung. Die Wildgänse breiteten nun ihre Flügel aus, erhoben sich von der Erde und flogen hoch in die Luft, um gemeinsam in eine andere Gegend, zu den großen Seen der Wildgänse, zu fliegen, wo sie fortan mit ihren Artgenossen gemeinsam leben könnten.

Nur das Mädchen und ihr Geliebter, die wie die anderen auch in Wildgänse verwandelt waren, blieben allein zurück. Sie flogen gemeinsam zu einem warmen See, dessen Wasser auch im Winter nicht zufror, ließen sich dort nieder und

führten nun in inniger Gemeinsamkeit ein freies, glückliches Dasein.

In der Nähe dieses Sees, wo sie lebten, war ein Forsthaus, in dem ein Jäger wohnte. Als er auf die Jagd ging, bemerkte er die neu angesiedelten Wildgänse und beobachtete sie öfters. Nach einiger Zeit fiel es ihm ein, dass er doch einen guten Gänsebraten gerne essen möchte. Er nahm also seine Flinte und ging zu dem See. Als er in die Nähe der Gänse kam, flogen diese auf. Er zielte auf eine von den beiden und schoss. Die getroffene Gans viel herunter und blieb an einem Strauch hängen. Da nahm der Jäger ein Boot, fuhr zu dem Strauch, nahm die Gans herunter und trug seine Beute heim.

Zu Hause stellte er fest, dass die Gans gar nicht tot, sondern nur betäubt war. Er legte sie zum Kamin, damit sie sich erholte, und überlegte, womit er sie am besten füttern sollte, um zum kommenden Weihnachtsfeste einen guten Braten zu haben. Er war nämlich Junggeselle, hatte bloß ein recht bescheidenes Einkommen und musste ganz allein für sich sorgen und den Haushalt bestellen. Begreiflich, dass ein feiner Braten für ihn eine große Freude bedeutete.

Als er am nächsten Tage seinen Rundgang im Walde beendet hatte und nach Hause zurückkam, stellte er fest, dass jemand seine kleine Wohnung in Ordnung gebracht hatte. Sein Bett war gemacht, der Fußboden gekehrt, das schmutzige Geschirr abgewaschen, Staub abgewischt, und sogar von den Wänden waren die Spinnenweben entfernt worden. Ebenso war der Tisch gedeckt, und das Essen, das fertig darauf stand, duftete verführerisch. Da wunderte er sich und wusste keine Erklärung dafür. Als er wegging, hatte er bestimmt das Häuschen gut verschlossen und kein Fremder konnte hinein. Wie konnte nun all das geschehen sein? Es schien ihm wie Zauberei.

Morgen geht das Märchen weiter …

23

Streift den Schnee nur von den Dingen,
drunter grünen neue Triebe,
und ihr spürt des Lebens Jugend
und die Urkraft seiner Liebe.

MARIA JANITSCHEK

Die Wildgänse – Teil II

EIN MÄRCHEN AUS POLEN

Am nächsten Tage stieg er auf den Speicher und bohrte ein Loch in die Decke, um durch dieses zu sehen, was in seiner Wohnung vorginge. Und am Tage darauf tat er, als ob er weggehen würde, schlich ganz leise auf den Speicher, legte sich auf den Boden und mit einem Auge schaute er durch das am Vortage gebohrte Loch in die Wohnung hinunter. Er brauchte gar nicht lange zu warten, da sah er, wie die Gans von ihrem Liegeplatz am Kamin aufstand, in die Mitte des Zimmers ging, sich dort die Federn vom Leibe schüttelte und sogleich zu einem wunderschönen Mädchen wurde. Es fing nun an aufzuräumen, es kehrte und bereitete das Essen vor. So hatte der Jäger das Rätsel gelöst. Er ging nun fort, und als er abends wieder heimkam, war wieder die Wohnung schön aufgeräumt, das Bett gemacht, und das schmackhaft zubereitete Essen stand auf dem gedeckten Tisch, und die Gans saß auf ihrem Platz am Kamin.

Der Jäger war glücklich, und es gefiel ihm sehr, eine so gute Hausfrau gefunden zu haben. Er wollte aber anstatt der Gans das schöne Mädchen bei sich behalten und es heiraten. Lange überlegte er, was er machen könnte, um die Rückverwandlung des wunderschönen Mädchens in eine Gans zu verhindern und unmöglich zu machen.

Eines Tages tat er so, als ob er in den Wald ginge, blieb aber in Wirklichkeit vor der Tür stehen und schaute durch das Schlüsselloch. Sobald nun die Gans von ihrem Plätzchen am Kamin aufstand und die Federn abschüttelte, sprang er schnell in das Zimmer hinein und hielt es fest. Das Mädchen wollte sich aus seinen Armen befreien, aber er ließ es nicht los. Dann klaubte er die Federn, die am Boden herumlagen, auf, schloss diese in einen Schrank in der Kammer ein und versteckte den Schlüssel. Auf diese Weise blieb das Mädchen in seiner menschlichen Gestalt bei ihm, denn es konnte seine Federn nicht wieder anlegen.

Nach einiger Zeit heirateten sie. Die junge Frau hatte zwar durch den Verlust der Federn vergessen, dass sie verflucht gewesen war, als Gans zu leben, sowie, dass sie mit ihrem früheren Geliebten am nahe gelegenen See gelebt hatte. Ihr war nur eine unbestimmte, große Sehnsucht nach einem gewissen Etwas geblieben, das sie zwar fühlte, doch nicht beschreiben und erklären konnte.

Sie saß sehr oft vor dem Hause auf einer Bank und schaute sehnsüchtig nach dem Himmel. Oft saßen sie auch gemeinsam vor dem Hause. Ihr Mann schlang dann zärtlich seine Arme um sie und war glücklich wie immer. Oft war er müde

von der Jagd bei der wunderbaren Stille ringsum eingeschlafen und hielt sie weiter im Arm, seinen Kopf an ihre Schulter gelehnt. Auch heute war es wieder so, doch da geschah etwas Eigenartiges.

Es war die Zeit, in welcher die Wildgänse nach dem Süden zogen, um den Winter in warmen sonnigen Ländern zu verbringen. Als eine Schar von Wildgänsen gerade über das Paar hinwegflog, vernahm die Frau etwas wie Stimmen von oben. Die Gänse, die früher ihre Schwestern gewesen waren, schnatterten ihr zu: »Unser Schwesterlein im Arm ihres Mannes! Komm mit, komm mit uns!« Sie antwortete: »Gott mit euch! Viel Glück auf dem Flug! Ich kann nicht mit euch fliegen!«

Danach kamen wieder zwei andere Gänse angeflogen, die nach ihr riefen. Es waren die beiden Brüder. Hinterher flogen zwei weitere Gänse. Es waren Vater und Mutter der Frau. Auch sie riefen ihr zu: »Unser Töchterlein im Arm ihres Mannes! Komm mit uns, Töchterlein! Komm mit!« Da antwortete sie wieder: »Gott führe euch, Gott führe euch! Ich kann nicht mit euch fliegen!«

Zum Schluss flog eine einsame Gans vorbei. Das war der frühere Geliebte der Frau, mit dem sie als Wildgans ein so

glückliches Leben am See geführt hatte. Mit klagend wehmütiger Stimme schnatterte er ihr zu: »Mein Liebling in den Armen eines Jägers! Komm mit mir, mein Allerliebstes! Komm mit, Geliebte!«

Die Rufe ihrer Schwestern, ihrer Brüder und die ihrer Eltern klangen wie eine entfernte, doch völlig unklare Erinnerung. In dem Moment aber, als sie den Schrei ihres Geliebten vernommen hatte, erwachte sie wie aus einem tiefen Traum: Auch das Dunkel ihres Vergessens war gerissen, sie sah und fühlte wieder klar und wusste, dass sie sich frei machen und mit ihrem Geliebten wegfliegen musste. Sie erinnerte sich ihrer im Kasten aufbewahrten Federn. Der Jäger, der sich seiner Frau sicher fühlte, verschloss jetzt den Schrank nicht mehr, so konnte sie leicht ihr Gefieder wiederhaben. Sie hob behutsam die Hände ihres Mannes, die sie umschlungen hielten, von ihren Schultern und glitt aus seinen Armen heraus. Dann lief sie in die Kammer, wo die Federn im Schrank lagen, legte sie an, und im Nu war sie wieder verwandelt in eine Wildgans. Durch das offene Fenster flog sie nun hoch in die Luft, um ihrem Geliebten auf seiner Reise nach dem Süden zu folgen.

24

Kling, Glöckchen,
klingelingeling …

Die Weihnachtsglocke

EIN WEIHNACHTSMÄRCHEN AUS RUSSLAND

Vor vielen, vielen Jahren, da war einst in Russland ein Bauer vor der Weihnacht traurig und ratlos. Er hätte gerne seiner Frau, seinem Kind und allen Nachbarn am Heiligen Abend etwas Gutes getan, aber was sollte es da in dieser Zeit schon geben? Es ist ihm beim besten Willen nichts eingefallen.

Wie er so überlegte, während er auf dem Feld arbeitete, da stieß er im Boden auf einen eisernen Ring. Er wunderte sich, holte ein Seil, zog es durch den Ring, spannte seinen Ochsen davor und staunte nicht schlecht: Der Ochse zog eine riesengroße Glocke aus dem Boden. So einfach, als ob es nur eine Rübe gewesen wäre.

Niemand wusste, wie die Glocke in den Acker gekommen war. Die Leute aus dem Dorf meinten, es müsse ein Wunder gewesen sein. In den nächsten Tagen taten sich alle Leute aus der Gegend zusammen und bauten für die Glocke einen Turm aus Holz, und die Zeit langte gerade so bis zum Heiligen Abend. Zum ersten Mal hat sie an Weihnachten geläutet. Allen Menschen, die sie hörten, ist es ganz merkwürdig geworden:

Der traurig war, den überkam Mut; der Kummer hatte, konnte ihn vergessen; der einsam war, bekam Besuch; die Kranken vergaßen ihre Schmerzen und die Armen fanden plötzlich noch etwas zu essen.

Von da an läutete die Glocke an jedem Feiertag und immer – wie das erste Mal – schöpften die Menschen Hoffnung.

Von dem Gerücht von der wunderbaren Glocke hörte übers Jahr der Zar in Moskau.

»Die Glocke kommt auf mein Schloss«, befahl er und brach mit seinen Reitern zu dem Dorf auf. Alles Bitten der Bauern half nicht. »Ich will es so, ich bin der Zar, die Glocke ist für euch viel zu gut«, befahl er. Man holte sie mit einem Seil vom Turm herunter. Wie sie aber aufgeladen war, rührte sich der Wagen nicht mehr von der Stelle. Alle Ochsen und Rösser ließ der Zar anspannen; sogar die Soldaten ließ er ziehen – es nutzte alles nichts.

Aus lauter Wut, weil er die Glocke nicht mitnehmen konnte, haben die Soldaten die Glocke mit großen Hämmern zerschlagen müssen, in viele Tausend Stücke – dann fuhren sie davon und ließen die traurigen Dorfbewohner zurück.

Als wieder Weihnachten wurde, stand der Bauer morgens auf und wollte zuerst zum Glockenscherbenhaufen gehen. Da sah er, schon ein wenig vom Schnee zugedeckt, statt der Scherben viele Tausend wunderschöne, kleine, glänzende Glöckchen. Die Nachbarn halfen ihm, sie aufzulesen und sie an alle zu verteilen.

Für dich ist auch eine dabei.

Häng' sie da auf, wo du sie am nötigsten hast: übers Bett, am Hals …

Und immer, wenn du's brauchst, läute daran!

Die Rosenkönigin

LUDWIG BECHSTEIN

Es war einmal ein König, der lebte sehr glücklich mit seiner schönen, tugendsamen Gemahlin. Ein einziger Sohn war ihnen vom Himmel geschenkt, und dieses war die Freude der Eltern. Doch nicht nur in des Königs hoher Familie war es so friedsam, sondern in seinem ganzen Lande. Überall, auch in dem kleinsten Dörflein war Verdienst und Wohlstand, und das Volk war zufrieden und freundlich. Einer weisen, milden Regierung entblüht Ordnung; Ordnung aber bringt Wohlstand, Wohlstand Zufriedenheit, Freundlichkeit.

Der gute König musste jedoch ein gar herbes Schicksal erfahren, seine liebe Gemahlin starb und ließ ihn einsam zurück, mit dem nun mutterlosen Prinzen. Tief trauerte der König und das ganze Land mit ihm. Auch das kleine, fromme Kindesherz des Prinzen war sehr betrübt, denn es hatte mit aller kindlichen Liebe an seiner Mutter gehangen. Auf dem Sterbebette hatte sie ihn gesegnet, und ihn noch scheidend zu allem Guten ermahnt, zum treuen Glauben an Gott, zur Liebe und Milde gegen alle Menschen.

»Und wenn du ein Jüngling worden bist«, waren ihre letzten Worte, »so wähle dir nur ein Mägdlein frommen, guten Herzens zu deiner Gemahlin, und ehre das Andenken deiner Mutter und ihrer letzten Worte.« Dieses hatte einen tiefen Eindruck in das weiche Herz des Knaben gemacht, oft gedachte der Prinz seiner sterbenden Mutter, und dann kam es ihm vor, als umschwebe sie ihn und lächle ihm selig zu. So wuchs der Prinz in frommer Sitte empor und wurde ein schöner, blühender Jüngling.

Doch das königliche Vaterauge war verblendet worden von einer fürstlichen, listigen Dame, die den Herrscher gar bald mit ihren erkünstelten Reizen also schlau zu fesseln wusste, dass er ihr nachgab und sie ihn völlig beherrschte. Bald fand das glänzende Hochzeitsgelage statt. Der bejahrte König, sonst so gut und milde, war zum alten Toren geworden und hatte sein Leben an ein listiges, böses Schlangenherz gekettet; nur zu bald musste er die bittere Frucht seiner Torheit kosten; das böse Weib stiftete allenthalben Unheil an, erregte den Vater wider den Sohn, den Sohn wider den Vater und die Herrschaft wider die Diener, und übte ihre frevle Verblendungskunst immer fort, sodass sie die Herzen alter und junger Männer für sich entflammte. Eine kurze Zeit, und das reuevolle Leben des Königs hatte geendet. Der Prinz wurde König und beherrschte das Volk mit der Klugheit und Milde, die überall zum wahren Wohle des Landes dient. Aber an ihm übte die arge Stiefmutter

ihre Künste vergebens, er verachtete sie im Stillen und suchte sich immer in heilsamer Entfernung von ihr zu halten.

Da wünschte das Land, dass der jugendliche König sich vermähle; auch er in seinem Innern trug das stille Verlangen, sein Glück mit einem würdigen Frauenbilde zu teilen, aber nicht Stand und Reichtum oder eine Krone sollten diejenige schmücken, die er sich wählen wollte, sondern ein gutes, frommes Herz, wie es seine sterbende Mutter gewünscht. Und ein solches hatte er gefunden, zwar nur das eines armen, schlichten Gärtnermädchens, das aber voll war von reiner Liebe und frommem Glauben. Diese Jungfrau war dem Königssohn bald so innig befreundet, dass der Jüngling ihr zu Füßen sank und ihr ewige Liebe und Treue schwur. Zärtlich und in Tränen schmiegte sich das liebliche Mädchen an die Brust des Jünglings und lispelte: »Ach, du darfst mich ja nicht zur Gemahlin nehmen, siehe, ich bin ja arm, bin keine Prinzessin.«

»Sei ruhig, lieb Herz«, sprach der Jüngling, »du sollst meine Gemahlin, meine Königin werden, du und keine andere.«

Der Wunsch nach der Vermählung des Königs wurde lauter und dringender; von allen Seiten her begannen die Väter fürstlicher Töchter dem Könige Vorschläge zu machen. Die böse Stiefmutter wähnte den so jungen König gänzlich unter ihrer Herrschaft, dass sie sich anmaßte, eine Gemahlin für ihn zu wählen. Sie ordnete glänzende Festlichkeiten an, wozu viele Prinzessinnen geladen waren, die reich geschmückt und voll Hoffnung zur Schau kamen. Acht Tage hatten die Feste schon gewährt, und der König hatte noch keine Prinzessin zur Braut erwählt und hatte auch alle Vorschläge seiner Stiefmutter unbeachtet gelassen. Am neunten und letzten Festtag sollte sich's entscheiden, so hatte der König selbst verheißen. Die Stiefmutter glaubte voll Zuversicht, dass der König in ihre Wahl eingehen werde, denn sie hatte eine hohe Prinzessin, zwar hässlich von Gesicht und Gestalt, aber unsäglich reich an Gut und Geld, für ihn auserwählt. Ein glänzender Ball sollte die Feste beschließen, und diesmal waren alle Prinzessinnen doppelt mit Juwelen und Schmuck beladen, da eine jede glaubte, den Sieg davonzutragen. Doch wie alle in gespanntester Erwartung dem König entgegenharrten, tat sich die Flügeltüre auf, und der König trat lächelnd mit seinem lieblichen Gärtnermädchen herein, die so sittig und bescheiden in einem weißen Kleidchen und völlig ohne Schmuck erschien. Da sprühten manche Augen im Kreise der Prinzessinnen voll Ärger und Wut, doch die der Stiefmutter rollten am wildesten und schleuderten grimmige Blitze nach dem glücklichen Liebespaar. Jetzt nahten sich diese beiden der königlichen Stiefmutter, die in der Mitte des Saales, von boshaft lächelnden Prinzessinnen umgeben, weilte; und der König sprach mild und freundlich: »Hohe, verehrte Mutter, hier bringe ich Euch meine liebe, fromme Braut und bitte mit ihr um Euren Segen.«

Aber die Dame sprach voll Zorn und Wut: »König, solltet Ihr also Eurer Ehre vergessen und eine gemeine Dirne freien? O schämet Euch, mich so tief zu kränken und um meinen Segen für eine schlechte Magd zu bitten.« Und sie wandte ihm den Rücken und schritt voll Grimm und Bosheit einem Nebengemach zu.

Aber der König folgte ihr nach und sprach mit einem strengen, drohenden Ernst: »Weib, das Wort soll Euch schwer wiegen. Wahrlich, ich will Euch zeigen, dass dieses arme Mädchen würdiger ist, Königin zu heißen, als Ihr und alle eitlen Prinzessinnen. Eine Kunst habe ich einstmals von einem alten Einsiedler erlernt: die Menschen zu verzaubern, ihre Herzen zu prüfen, ob sie gut oder böse sind. Schwört, hohe Frau, mir dann die schönste zu wählen, wenn alle hier anwesenden Jungfrauen verzaubert, in Gestalt einer Blume, stehen, so will ich Euch gehorsam sein. Aber trifft Eure Wahl dann mein armes Gärtnermädchen, so falle der Zauber auf Euch, dass Ihr ewig darinnen verstrickt bleibet.«

Der König schwieg; und die stolze Dame grinste voll Zuversicht ob ihres Sieges. »Ach mein hoher Künstler«, entgegnete sie, »verzaubert immerhin alle anwesenden Jungfrauen, ich will Euch die schönste wählen und bin gewiss, dass ich nicht Eurer Drohung teilhaftig werde. Eure seltsame Laune soll mir ein ergötzlicher Scherz sein.«

Und sie ließ sich auf einem samtenen Sessel nieder und harrte der Dinge, die da kommen sollten.

Da breitete der königliche Jüngling ein großes, weißes Tuch aus, führte schweigend eine Prinzessin um die andere in das Nebengemach und verhüllte sie damit, wo sie alle sobald einschlummerten. Dann schnitt er einer jeglichen das Herz aus, zuletzt auch seinem lieben Gärtnermädchen. Der Ballsaal verwandelte sich in eine grünende Gartenflur, von einem goldenen Zaun umschlossen, von singenden Vögeln durchflattert. Da vergrub der Jüngling die Herzen und sprach bei einem jeglichen:

»Blühe, blühe, blühe
aus der Erde auf!
Bist du rein,
wirst du hold gedeihen.
Aber treibe wilde Dornen,
wenn du bös wirst sein.«

Bald keimten und sprossen Zweiglein und Blättlein empor. Wilde Dornsträucher wuchsen rasch aus der Erde; nur hie und da erschloss sich eine farbige Blüte.

Aber in des Gartens Mitte stand ein Blütenstängel, dessen zartem Kelch entfaltete sich eine herrliche Rose, eine Rosenkönigin. Glänzender Tau träufte auf sie nieder, und das grüne Laub schmiegte sich zärtlich an die Blüten. Jetzt kam eine Schar Nachtigallen geflogen, die die Rosenkönigin umkreisten und sangen:

»Holde Rose, holde Rose,
hehre Blumenkönigin!
Du, die schönste unter allen,
du, die reinste unter allen,
sollst die ganze Welt bezwingen
mit der frommen Liebe Sinn.
Hehre Rosenkönigin!«

Aber um die Dornensträucher flogen schwarze Raben und krächzten auch ihr Lied:

»Wilde Dornen, wilde Dornen,
schwarz wie unser Nachtgewand.
Sollt am besten uns gefallen
mit den tausendfachen Krallen.
Sollet dienen in der Höllen,
in der ewigen Pein, zum Brand.
Schwarze Dornen, Nachtgewand.«

Da führte der König die stolze Dame herein in den Garten, auf dass sie die schönste der Blüten für ihn wähle, und als sie die zauberschöne Rose sah und die Nachtigallen singen hörte, die über ihr im Kreise flatterten, als sie das liebliche Liedlein vernahm – da stand sie beschämt und war von der Rose zaubervoller Macht ergriffen und gerührt, ihr war, als fühle sie eine warme Liebe, und sie gedachte in diesem Augenblick reuevoll an ihre verübten Bosheiten und Ränke. Und als sie nun die Dornensträucher sah, darüber die schwarzen Raben ein Höhnlied krächzten, da überlief sie eine Angst, ein Todesgrauen, und sie sprach: »Mein Königssohn, ich muss Euch die holde Rose wählen, sie ist die Schönste.« Nun bewegten sich alsbald der Rose Zweige und Blätter und Blüten und verschmolzen sanft zum Körper eines lieblichen Mädchens, das keine andere war als das fromme Gärtnermädchen. Und es schien noch schöner und bescheidener als zuvor.

Aus den anderen Blumen und Dornensträuchern bildeten sich wieder Prinzessinnen, die wie aus einem schweren Traum erwachten. Aber des Königs Stiefmutter war vor Scham und Reue niedergesunken und lag in Betäubung. Und die schwarzen Rabenvögel hackten ihr das Herz aus, und sie wurde zu Stein, von wilden Dornen umstarrt. Die Prinzessinnen eilten scheu davon, wurden aber besser und demütiger in ihren Herzen.

Und der König lebte glücklich und fromm mit seiner Gemahlin, dem Gärtnermädchen, und des Himmels Segen war mit ihnen.

Impressum

In einigen Fällen war es nicht möglich, für den Abdruck der Texte die Rechteinhaber zu ermitteln. Honoraransprüche der Autoren, Verlage und ihrer Rechtsnachfolger bleiben gewahrt.

Bildnachweis:
Cover und Rückseite: KENG MERRY paper art / Shutterstock.com
Motive Innenteil: www.Shutterstock.com: Hein Nouwens, Tatiana Liubimova, Andrew Rybalko, AUCHARA PHUANGSITTHI, SunshineVector, DGIM studio, KENG MERRY paper art, Midorie, Blackspring, EMJAY SMITH, VVadi4ka, alaver, Morgan Ph, eva_mask
Vignetten: www.Shutterstock.com: GoodStudio, K N, Liliana Danila, Ksenia Lokko, wacomka, PinkPueblo, Tartila

Gestaltung Cover und Innenteil: Marielle Enders, www.itsme-design.de

ISBN 978-3-8458-4231-8

www.arsedition.de